リーダーとチームを共に成長させる

リーダーのためのSWOT分析

STRENGTHS WEAKNESSES OPPORTUNITIES THREATS

金田 博之

HIROYUKI KANEDA

すばる舎リンケージ

リーダーのためのSWOT分析　はじめに

リーダーの仕事は多岐にわたります。

部下を指導したり、業務を指示したり、自らも業務を行ったり、他部署との調整をしたり、さらに上層の職位に就く人に裁可を仰いだり……。

多種多様な業務がありますが、これらすべての業務は、会社組織の利益を追求することを目的として行われているという点で一致します。

有り体に言ってしまえば、あらゆるリーダーの業務は、任された組織・チームとして成果を上げることを目的としているのです。


「そんなことはわかっている」

「当たり前じゃないか」


と思われる方が大半だと思います。

それでもあらためて確認させていただいたのは、「成果を上げるためにどうすればいいのか」については、多くの人があまりにも曖昧な認識しか持っていないと感じているからです。

普通、目的がわかっていたら〝手段〟も明らかになっているはずです。

テクノロジーや情報の変化が目まぐるしく起こる現代では、ビジネスにおいて、どんな業種であろうとも、もはや絶対普遍の手段はありません。

だからといって、リーダーが思考停止に陥ってしまってはいけません。

リーダーは、チームとして常に成果を上げるために環境の変化に適応する、もっと言えば、環境の変化を予見して、それに備えなければいけません。

「チームとして」という部分も大事です。

チームの成果を上げるために、リーダー自らが実業務をバリバリこなすということがよく見られます。

そのこと自体は決して悪いことではないのですが、リーダーにはそれ以上に求められている役割があるのです。

それは、メンバーを育てて、適切に業務に当たらせ、成果を上げさせることです。

仮に、リーダーと部下5人の6人のチームがあり、現時点でのチームの売上を「10」としましょう。

そうしたときに、売上「10」の内訳を見ると、リーダーが「5」で、5人の部下それぞれが「1」ずつだということはないでしょうか。

構成比がやや極端かもしれませんが、類似した状況は心当たりのある方も多いでしょう。

さて、こうした状況で、さらに成果を上げるためにリーダーが頑張るとするとどうでしょう。

「5」を「6」にすることはできるかもしれませんが、既に必死に頑張っているところからさらに上げるのは困難ですし、遠からず限界がきます。

そんなリーダーが疲弊するだけのことをするよりも、部下1人ひとりの「1」を「2」にしてあげられたらどうでしょう。

全体での売上は「15」になります。

指導のために工数を割いて、リーダー自身の売上を「3」まで落としても「13」。リーダーだけががむしゃらに頑張った「11」よりも多いのです。

このように、「リーダーだからめちゃくちゃ頑張って自分が数字を上げる」ことは非効率であることが多いことをわかっておかねばなりません。

それは、リーダーではなく、すごいプレイヤーなだけなのです。

このように、部下を育てるのが成果を上げていくのには欠かせませんが、部下はそれぞれ違う特長のある人間です。

得意なこと、苦手なことなど、それぞれ異なる点を見抜き、得意なことを活かし、活躍できるようにしたり、苦手なことを補えるようにしたりできなければ、部下は伸びません。

そして、それはリーダー自身にも言えます。

長々とお話ししましたが、つまり、リーダー自身とチームの部下の特長を掴み、適正に配置し、フォローすることが、環境変化の激しいビジネスシーンにおいて成果を上げるためには欠かせない、ということです。

そのために役に立つものはいくつかありますが、私自身の経験則として、簡便にできて最も効果を発揮すると考えているのが、本書で説明する「ＳＷＯＴ分析」です。

通常、経営戦略の策定に用いられるこのフレームワークは、リーダーとチームがどんな状況にあっても成果を上げるために役立つ〝手段〟です。

詳しい説明は、この後の各章に譲りますが、リーダー、部下、そしてチームの現状を明らかにし、向かうべき先と至るための道筋を見えるようにする。

ＳＷＯＴ分析は、格好良く言ってしまえば、リーダーにとってこの上ない〝武器〟たり得るでしょう。

本書が、悩めるリーダーの助けとなり、明るい未来への道標となれば、著者としては望外の喜びです。

２０１９年　夏　金田　博之

目次

はじめに …… 3

第1章　強いリーダーは「SWOT」で実現する

強いリーダーには結果を出すことが求められる

強いリーダーとは？ …… 18
結果を出すにはファクトが欠かせない …… 19
SWOT分析でやるべきことが見えてくる …… 20
リーダーになる準備もできる …… 23

そもそも「SWOT」とは？

もともとは会社の戦略を作るためのフレームワーク …… 24
SWOT分析することで得られるメリット …… 26
部下やチームマネジメントにも役立つ …… 27
もういままでのやり方は通用しない …… 29

SWOT分析でゴールへの経路が見えてくる

SWOT分析は、将来の「地図」を描くためのフレームワーク …… 30
社会や環境の変化に合わせて地図を書き換えていく …… 32
SWOT分析で地図と羅針盤を手に入れる …… 33

「強み・弱み」を知らないリーダーはチームを動かせない

ある日、突然、新規事業の責任者を任される …… 36
何をしたらよいのかわからない。部下の扱いもわからない …… 38
SWOT分析でやるべきことを導き出す …… 39
部下の強みや弱みを掴むことで組織が動き出す …… 41

自分のSWOT分析をしてみる

強み・弱みではなく、機会・脅威から書き出す …… 43
分析結果をもとに戦略を固める …… 45
30歳のときのSWOTと現在のSWOTでは大きく違っている …… 46

第2章　Strengths　「強み」を伸ばして圧倒する

リーダーとしての自分の強みを見つける

自分の強みをこれまで以上に発揮するには …… 52

強みがわからないときは上司に聞く …… 54

ただの強みと発揮すべき強み …… 55

昇進は強みを整理する絶好の機会 …… 59

強みは「STAR」で説明できるようにする

強みは行動の結果として現れるもの …… 61

いつでも発揮できる強みにするには …… 64

部下の強みを分解して行動を促す …… 65

強みは「掛け算」することで差別化できる

強みを掛け合わせることでオンリーワンに近づく …… 67

組み合わせる強みは機会から考える …… 68

一芸を極めるだけではもったいない …… 69

強みをオンリーワンの強みに高める …… 70

いまある強みに「倍がけ」する

強みを極めていくことがリーダーとしての成功につながる……71
強みの強化に集中することによるリスク……73
強みが欲しいと思ったときにどうするか
相手をベンチマークし行動をコピーする……75
やり方を真似てプレゼン力を徹底的に鍛え込んだ……77
真似ることで数年先を走る先輩にキャッチアップする……79
強みは小さな目標を立てながら「検証」する
目標を細分化してコツコツと達成する……81
役員向けのプレゼンを想定して実験を繰り返す……83
部下の長所を「明確」にできるほど組織力はアップする
部下の強みや弱みをノートに記録しておく……87
部下が自分の強みを知るきっかけを作ってあげる……89
結果が出ていないときこそ「強み」に気づかせる……90
部下の強みを「掛け合わせる」
ユニット営業で互いの弱みを補い、強みを発揮させる……94
チーム全体の成約率アップにもつながる……96

みんなの前で褒めることが大前提だが……97
チームの強みを「束ね」て結果を出す
束ねることで結果を最大化する……100
それぞれの強みを組織全体で共有していく……102

第3章 Weaknesses 「弱み」を見つけて補う

弱みは見つけやすい
すぐに解決すべき、致命的な弱みを見つける……106
どうでもいい弱み、すぐには解決できない弱み……107
不得意分野に「ムダ」な時間を使わない
解決すべき弱みを絞り込む……109
時間のかかる弱みは後回しにする……110
部下を共感させて動かすのが苦手だったオオサワさん……111
弱みは「さらけ出す」ほど楽になる
すでにできる人の力を借りる……114
無理に自力でやろうとしないでいい……115

部下を巻き込んで協力者になってもらう……117
人に「頼る」のではなく、人を「動かす」と考える……117
泥臭い営業が苦手だった私の例……119

弱点を強化する時間をどう「捻出」するか

優れたリーダーほど、たくさんの弱みを克服してきている……121
弱みを分解して目標のハードルを下げる……121
インプットよりもアウトプットに時間をあてる……123

部下の弱みは「あなたの強み」で補う

リーダーが部下の弱点克服をサポートする……125

SWOT分析のための時間をどう用意するか

ポイントだけはしっかりと押さえておく……130
毎日1項目ずつ書いていってもいい……131
少なくとも年に1回は更新する……132
一度に全員を分析せず、まず2割を優先してみる……133

第4章　Opportunities 「機会」を捉え逃さないために

そもそも何が「機会」となるのか

強みにあぐらをかいているといずれ足元をすくわれる …… 138

リーダーは外にも向いていないといけない …… 139

自分の仕事に関係する情報を広く集める …… 141

同業他社の動き、特にグローバル展開とテクノロジーを押さえておく …… 142

機会を見つけるために「3C」を見る

3つのCに着目する …… 144

自社の上位戦略を理解しておく …… 145

自分のスキルアップや昇進にもつながる …… 146

自分で考えても、上位戦略から吸収してもいい …… 148

機会を得るために「何を捨てるか」を考える

機会は増やすことよりも、絞り込むことのほうが大事 …… 149

強みや上位戦略に関係ない部分を捨てていく …… 150

あらゆる機会に手を出した結果、すべてがうまくいかなくなった …… 151

「戦略」を描き成長分野に部下を導く

リーダーが率先して外部環境の変化をメンバーに発信・共有する …… 155
力を入れるべき領域に活動を集中させる …… 156
成長分野に「一歩」でも早く踏み出すには
組織の手に負えるサイズまで分解する …… 158
1ヶ月以内に何もできない機会は機会ではない …… 159
「小さな賭け」を繰り返し試みる
「小さな賭け」なら変化がわかりやすいし結果もすぐに出る …… 161
早く結果を出すことで評価されるしモチベーションも上がる …… 163
「KPI」でチェックポイントを作っておく …… 164

第5章 Threats「脅威」に常に備える

何を脅威と捉えるか
競合の動きに敏感になる …… 168
潜在的な脅威を把握するための方法 …… 169
リーダーは心配性くらいでちょうどいい …… 170
ただ「やばい」では人は動かない …… 171

チーム内で「とはいえ」が出たら要注意 …… 173
脅威に対して、攻めるか、守るか、撤退するか
問題が起きたときには、リーダーが自ら現場に降りていく …… 174
解決しやすいように、問題を細分化、単純化していく …… 174
問題を単純化する …… 176
脅威を切り捨てる …… 177
メンバーの危機感を醸成する …… 179
リーダーの弱点が組織の弱点となることを知っておく
弱点を克服するために部下を動かす …… 181
内部にも脅威は存在する …… 182
外部の脅威にばかり気を取られ、内部の脅威を疎かにした結果 …… 184
危機感を醸成し、当事者意識を持たせ、組織全体で脅威に臨む …… 185
リーダーは修羅場をできるだけ多く経験しておいたほうがいい …… 187

第1章

強いリーダーは「SWOT」で実現する

強いリーダーには結果を出すことが求められる

強いリーダーとは？

あなたが思い描く「強いリーダー」とはどのようなものでしょうか？

すさまじい熱量の持ち主で「何があっても私が全責任を取るからガンガン進めて行こう」といったタイプでしょうか。

それとも、普段はものすごくおとなしい性格なのに、「会社が危機に直面した瞬間に、誰よりも早く動き出す」タイプでしょうか。

あるいは、部下のやる気を引き出すために、「あえて自分は一歩引いたところで静観し、部下の成長を見守ってくれる」タイプでしょうか。

そのほかにも、ロジカルで頭が切れる、人を巻き込むオーラがある、つねにポジティブであるなど、強いリーダーのイメージはいろいろ考えられます。

私は、そのうちのどれもが強いリーダーたりえるとは思いますが、同時に、これらの要素だけで強いリーダーと言うことが出来ないとも考えています。

いま、リーダーに求められているのは、「さまざまな変化に対して常に結果を出し続けられる」ことです。

熱量がある、ロジカルである、冷静である、ポジティブである、人を巻き込む力がある——これらは、結果を出し続けるためのアプローチの違いを表しただけに過ぎません。

常に結果を出す、それが出来るのが強いリーダーなのです。

結果を出すにはファクトが欠かせない

いまの時代は、情報も、技術も、目覚ましいスピードで変化します。

しかも、そのシビアさは日に日に増しています。

そのような環境の中で、結果を出し続けることは、そう簡単なことではありません。

かつてのように、〝やるべきことが決まっていて、それまでと同じことをやっていれば一定の成果が得られる〟という時代がとっくに終わっていることは、皆さんもご承知のとおりです。

では、いまの時代、結果はどのようにすればついてくるのでしょうか。

ただ、闇雲に行動していては失敗するのは明らかです。

いったいどうしたらよいのでしょうか？

それは、正しい判断とそれに見合った行動を取ることです。

正しい判断と適切な行動、そのために必要なのが「ファクト（客観的な事実）」です。

ファクトのない状況で正しい判断をしたり、適切な行動を取るのは難しいでしょう。

そのファクトを得るために有用なのが、これからお話ししていく、部下を動かす、組織を動かす、「リーダーのためのＳＷＯＴ分析」です。

本書では、ＳＷＯＴ分析を、ファクトを押さえるためのツールとして、リーダーを含むチームが置かれた状況を客観視するためのフレームワークとして活用していきます。

SWOT分析でやるべきことが見えてくる

繰り返しになりますが、リーダーには、変化に対して結果を出していくことが強く求められます。

ここで言う「変化」とは、時代や社会の流れだけではなく、自分にとっての新しい環境、これまでにやったことがないこと、たとえば新しい部署のリーダーを任された、はじめて複数の部下を持った、なども含まれます。

20代後半から30代前半の課長、リーダークラスの人たち。突然、部下を持たされ、どのように動かしていけばよいのかがわからない。

経営陣が、突然、グローバル化だとか働き方改革だと言い出して、どう対応していけばよいのかがわからない。

数々のお題を突きつけられて判断を求められているのが、いまのリーダーたちです。

部下たちは、リーダーの答えを待っています。

ところが、完璧な答えが見い出せない。これまでのやり方が通用しない。

どうしたらいい？　いったいどこから手をつけたらいい？

さて、リーダーのあなたは、どのように判断、行動していきますか？

あなたは、適切に判断するためのツール、あるいは武器を持っていますか？

フィールドプレイヤーの頃の武器はもう通用しないと思ってください。

リーダーは、自分ひとりの力で動くのではなく、部下を動かし、チームとして結果を出していかなければならないからです。

ここは、リーダーになる人が最初に陥りがちな部分なのですが、いちプレイヤーとリーダーでは求められるものが違います。

プレイヤーのままでは、チームのコーチや監督にはなれません。

監督やコーチになるためには、部下たちを客観視できるフレームワークが必要です。

そこでSWOT分析が役に立ちます。

SWOT分析というフレームワークを身につけることで、内部と外部の2つの視点からファクトを集められるようになります。

ファクトが得られれば、判断と行動に戦略性を持たせることができます。

逆に言えば、ファクトがないままのリーダーがチームに指示をしたりするから、たいていの場合は場当たり的な指示となってしまい、結果的に失敗してしまったり、考えていたような成果が得られなかったりするのです。

リーダーになる準備もできる

ＳＷＯＴ分析は、すでにリーダーの立場にある人だけではなく、今まさにリーダーを目指してる人にも役に立ちます。

いつ昇進の話が来てもいいように、これからお話するリーダーのためのＳＷＯＴ分析を身につけておくとよいでしょう。

すでにリーダーになっている人は、いまやるべきことを知るために、組織として成果を上げていくために、すぐにでもＳＷＯＴ分析を行い、現場で役立ててください。

ＳＷＯＴ分析は、リーダー自身を高めるだけではなく、部下を動かし、上司を動かし、組織を効果的に回していくための強力なフレームワークです。

そもそも「SWOT」とは？

もともとは会社の戦略を作るためのフレームワーク

ご存知の方もいらっしゃると思いますが、SWOTは、本来、企業の経営戦略の策定に用いられるフレームワークです。

あくまで大まかに言うと、自社を、強み（Strengths）、弱み（Weaknesses）、機会（Opportunities）、脅威（Threats）の4つの領域に分けて分析し、それらをもとに将来の経営戦略を構築していく形で使われます。

この4つの要素の頭文字から、「SWOT」「SWOT分析」と呼ばれているわけです。

私は、このSWOTを経営戦略の策定だけではなく、自己分析にも応用しています。自分の強み、弱み、将来の成長機会、外的脅威――これら4つを書き出して、今後の人生戦略の検討に役立てているのです。

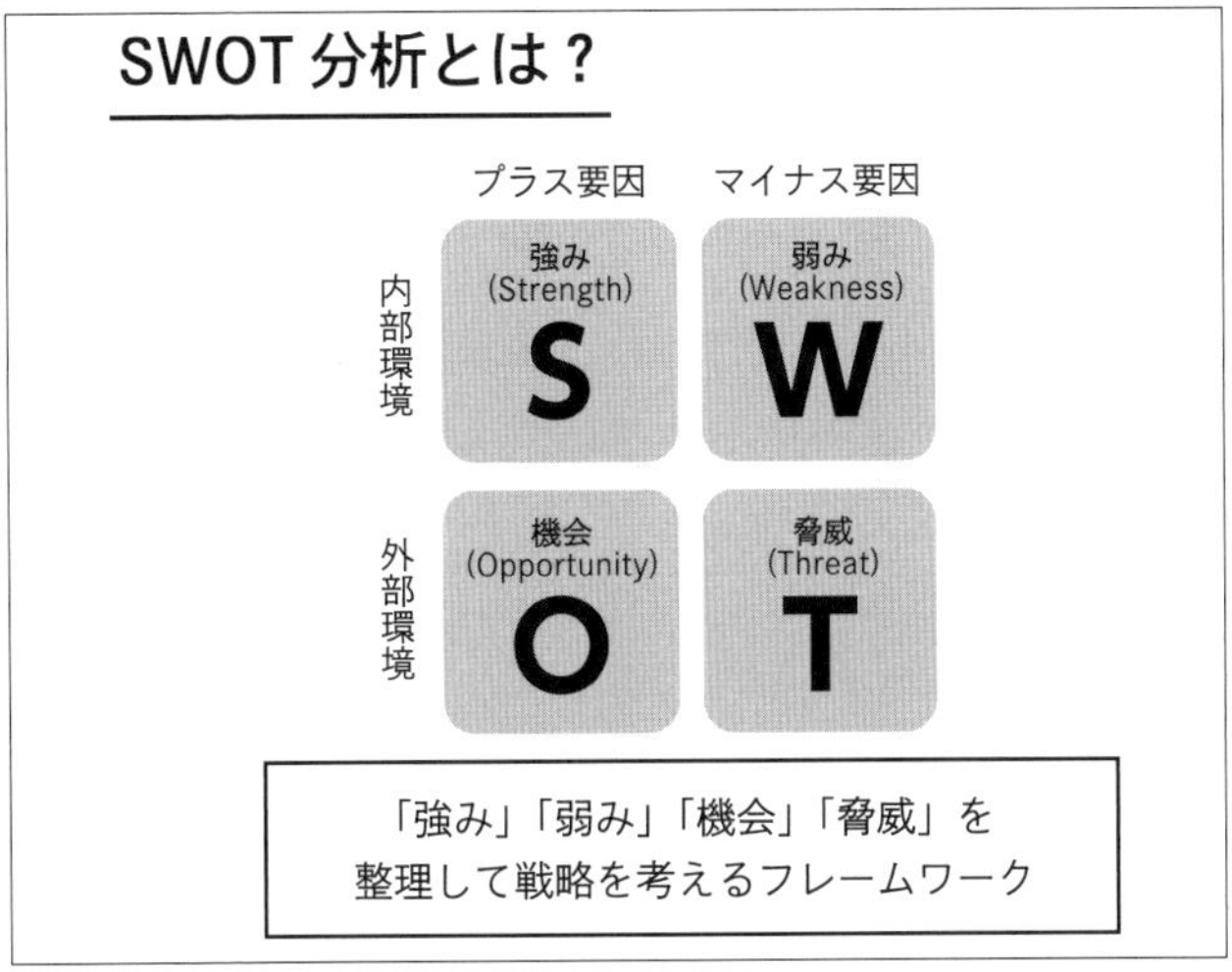

「自分」というものは思った以上にあやふやです。

主観的に捉えている自分というものは、過大に評価されてしまっていることも、逆に過小に評価されてしまっていることも往々にしてあります。

それを出来るだけ正確に、実態に沿って捉えられるようにするために、SWOTというフレームは非常に役に立つのです。

自分を内側（強み、弱み）だけではなく、外側（機会、脅威）を合わせて見ることで、自分を知り（内面）、かつ自分の置かれている状況（外部）を把握することができます。

SWOT分析することで得られるメリット

自分をSWOT分析することのメリットをもう少し具体的に説明します。

まずは、他者との差別化ができることが挙げられます。

自分の強みがわかることで、強みをどこに活かせばよいかが明確になるのです。

自分を知ることによって、周囲の人や環境に流されてしまうことが減り、貴重な時間や労力を必要なところに集中できるようになります。つまり、無駄をなくせます。

また、近い将来に見舞われるかもしれない脅威に対して準備ができることも挙げられるでしょう。

弱みを克服したり、強みを強化することで、脅威を未然に防ぐことができるのです。

さらには、チャンスを掴むために足りない部分を補ったり、弱い部分を鍛えておくことができます。

将来のためにいまやるべきことがはっきりと見えてくるのです。

これらのことは、しっかりと事実として整理し、分析していなければできません。

直感やヤマ勘に頼らず、ファクトに基づいた戦略を立てることで、安定した結果が出せるようになります。

部下やチームマネジメントにも役立つ

SWOT分析は、リーダー個人にだけではなく、部下にも応用することができます。

部下の強みや弱みを把握することで、強みを活かし、弱みを補いながら、組織としての能力を最大限に発揮できるようになります。

リーダーの大きな役割のひとつに、チームとして成果を出すことがあるのは先ほどから申し上げているとおりですが、戦力を把握できていなかったら成果など望むべくもありません。

しかし、多くのリーダーがファクトとしての部下の強みや弱みを理解できていません。

ですから、適切な戦力配分ができず、思ったような成果が得られないのです。

それだけではありません。

部下に成長の機会を与え、伸ばしていくことにも役立ちます。

「リーダーは部下を育ててなんぼ」と言われるように、部下を成長させることはリーダーが担った大事な役割のひとつです。

チーム、あるいは会社として、今後訪れるであろう機会と脅威を正しく認識し、部下の適正や特長を活かした育成を通じて対策を打つ。

そうすることではじめて、部下は効果的に育ちます。


リーダーになってまだ日が浅かったり、いきなりリーダーを任されて困っている。

そのようなときには、まず自分のSWOT分析を行い、これからの戦略を立て、次に同じようにして部下のSWOT分析を行ってみましょう。

何から行動すべきか、明日からどうすればよいのかが見えてきます。


組織を効率的に動かせるようになれば、成果も上がり、リーダーはもちろん部下たちの出世のチャンスも広がっていくでしょう。

大事なことは一発屋で終わらないこと。安定的、継続的に結果を出し続けることです。

とはいえ、機会や脅威は刻々と変化していきます。

また、それにともない強みや弱みも変わってきます。

あるときは強みだったことが、別のときには弱みになることもあります。

そのために必要なことは、定期的にＳＷＯＴ分析を行い、方針や行動をその都度確認をすることなのです。

もういままでのやり方は通用しない

本来、企業の戦略策定に使われるＳＷＯＴ分析が、なぜチームの運営にも必要とされるのか。

それは、いままでのやり方が通用しなくなっているからです。

情報や技術の更新のスピードは激化し、それに合わせて環境が変化する速度も上がりました。もはや、「昔からやっていた」やり方はその価値を失いつつあります。

企業の経営陣だけではなく、課長や部長のレベルにおいても、強み・弱み・機会・脅威によって、その都度、戦略を立てて組織を動かしていかなければならないのです。

ＳＷＯＴ分析でゴールへの経路が見えてくる

ＳＷＯＴ分析は、将来の「地図」を描くためのフレームワーク

ＳＷＯＴ分析は、地図を描く作業にたとえることができるかもしれません。地図と言われると、いわゆる世界地図だったり、Googleマップだったりを思い浮かべるかもしれませんが、ここで言う地図とは、いまいる場所（現状）から目的地（あるべき姿）へ至るまでのルート（経路）を示す案内図と考えてください。

日常生活で考えても、あまりに近い場所に行くことを除けば、ほとんどの場合、現在地から目的地までのルートはいくつか考えられます。

電車の乗り換えなどを検索しても、複数のルートが提示されることが多いでしょうし、最寄り駅に向かう際でも、いつもとは違う道を選ぶこともできると思います。

さらに、徒歩で行くのか、自転車で行くのか、車で行くか、公共機関を利用するか。

車で行くとしたら、高速を使うか、一般道で行くか、時間はどのぐらいかかるか、燃料はどのぐらい必要かなどをあらかじめ考え、準備をしておく必要があります。

同じゴールを目指すにしてもそこに至るまでのプロセスはさまざまです。

ビジネスでも同じで、どのルートをたどって、どのような手段でゴールまでたどり着くかはリーダーの判断に任されています。

では、リーダーは何をもってゴールまでのルートを決めるのでしょうか。

ルートを決めるには、何らかの裏付けや理由が必要で、それが先にお話したファクトです。

そのファクトを得るために、すでにお話したように、SWOT分析をするのです。

当然、ゴールは会社やチームによって異なります。

ただし、「売上を上げる」のようなゴールを目指してしまうと、具体性に欠けるため、実行性が低くなりますし、そこに至るルートも膨大になってしまいます。

そもそも、「具体的ではないゴール」を設定するのはナンセンスですね。

できる限り、具体的なゴールを設定するよう心がけましょう。

ＳＷＯＴがそこまでの道を示してくれます。

社会や環境の変化に合わせて地図を書き換えていく

いざルートを決めて出発！　といっても、それで終わりではありません。途中、道路が渋滞していたり、思わぬ悪天候に見舞われたり、車が故障してしまうことだってあるでしょう。

リーダーは、こうした移動中の変化をすばやく察知し、その都度、何らかの手を打っていかなければなりません。

そのために何をすればよいか？

察しのいいみなさんはもうおわかりですね。

出発前と同じように随時ＳＷＯＴ分析を行い、変化に合わせて打ち手を変えていけばよいのです。

時間の流れとともに、地図は書き換えられていくのです。

ＳＷＯＴ分析で地図と羅針盤を手に入れる

ここでＳＷＯＴ分析のメリットを整理しておきましょう。

リーダーが自分だけでなく、チームや部下のＳＷＯＴ分析を行うことには、２つの大きな役割があります。


ひとつは、目標に至る戦略や方針がわかるようになること。

リーダーとしていま何をすべきか、どのようにゴールへ至るべきなのかがわかります。


もうひとつは、そのときどきにおいて、何を強みとして発揮すればよいか、また部下のどういった強み活かし、伸ばしていけばよいのかが明確になること。

これまでは、場当たり的にヤマ勘や直感に頼ってきたことを、強み・弱み・機会・脅威に基づいて判断、行動できるようなるのです。

SWOT分析でルートが明らかに

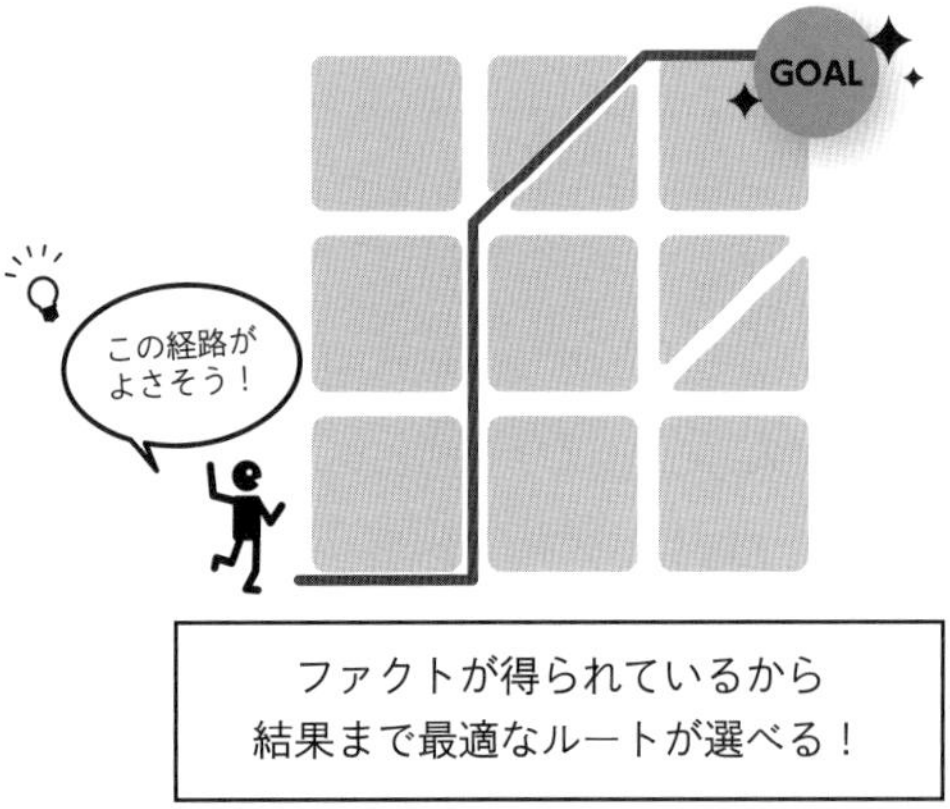

これらは、地図や羅針盤のようなものです。

たとえ結果を出したいという強い思いがあっても、戦略や方針がなければ的確な行動はできませんし、部下たちに指針を示すこともできません。

これでは組織を効率的かつ効果的に動かすことはできないでしょう。

組織を動かしていくためには地図や羅針盤となるものが必要なのです。

そして、先に申し上げたとおり、地図は外部環境の変化に応じて、絶えず新しいものへと書き換えていかねばなりません。

ゴールと道筋が明確になったら一直線に進

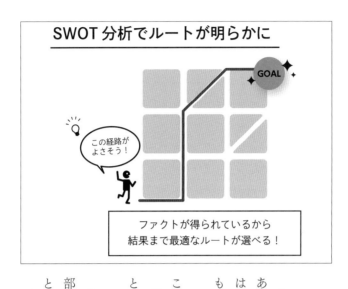

めばいいだけじゃないか、と思われるかも知れません。

比較的近いゴールで、そこに至るまでに外的変化が生じにくい場合は、それでいいのですが、ビジネスの場合はなかなかそうもいかないことのほうが多く、ゴールに至るまで、ある程度の時間を要します。

そうすると、途中で、少し前に強みとして活かせていたものが、ある瞬間から弱みに転じて使えなくなることがあるのです。

自分の話で恐縮ですが、私が社会人になったとき、「英語で仕事ができること」はものすごい強みでした。ところがです。

いざニューヨークの本社で経営に携わろうとしたら、周りはネイティブだらけ。できると思っていた英語は、普通のことどころか通じない、話に置いていかれてしまうことすらあったのです。

外部環境が変わったことで、私の強みだった英語が弱みに転じてしまいました。

ＳＷＯＴ分析は、こうした変化に直面してしまった際にも有効です。外部環境の急激な変化に対して、強み・弱み・機会・脅威を整理し直し、地図を更新すればよいのです。

「強み・弱み」を知らないリーダーはチームを動かせない

ある日、突然、新規事業の責任者を任される

強いリーダーは客観力に優れています。

自分はもちろんのこと、部下や上司をよく観察して、特徴をつかんでいます。

組織を効率的に運営していくためには、メンバーの強みや弱みを把握しておいた方がよいのは当たり前のこと。

たとえば、次のような状況を想像してみてください。


課長への昇進が決まり、明日から新しい組織を任されることになりました。これまでに社内には存在しなかったまったく新しいタイプの営業チームです。

リーダーを務めるのはあなた。

さて、新しい組織の長となって、あなたはまず何から手を付けますか。

会社から提供されたのは、新規事業に関する数枚の資料と、入社3年目の営業マン8名。

いずれも他の部署であまり結果を出せなかった、いわゆる売れない営業マンたち。

さらに、あなたはあなたでこれまでに部下を持ったことがない新米の課長です。

これまでフィールドプレイヤーとして優秀な成績を収めてきて、それゆえに新規事業を扱うリーダーに抜擢されましたが、リーダーとしての経験はほぼゼロ。

部下の扱い方がまったくわかりません。

さあ、あなたならどうやって組織を動かしていきますか？


「そんな無茶ぶりって実際にあるの？」

このように思われた方もいらっしゃるかもしれませんね。

しかし、これは実際に私が30歳のときに体験したことです。

昇進の話は社内の噂で耳にしていました。

しかし、どのような部署を任されるのかは一切聞かされていませんでしたし、それがまさかまったくの新事業であることは想像だにしていませんでした。

しかも、部下たちは私とあまり年齢の違わない若手ばかり。

初日の飲み会で「そういえば、僕らの上司って誰ですか?」と部下に尋ねられるぐらいに、リーダーとしての風格が私にはありませんでした。

何をしたらよいのかわからない。部下の扱いもわからない

普通、昇進といえば、前任者の抜けた穴を埋めることになるため、これまでのことを踏襲していけばなんとか形にはなります。

ところが今回はゼロからのスタートです。

初日はキックオフミーティングでなんとか切り抜けましたが、翌日から何をしたらよいのかがわかりません。

部下に仕事を頼みたいが、何を頼んでいいのか……。

部下に目指すべき道(ビジョンや戦略)を示したいのだが……。

想いは空回りするばかりで、効果のありそうなことは何も思いつきません。

このように、次に打つ手が見つからなかったのは、そのための情報が圧倒的に不足していたからです。

SWOT分析でやるべきことを導き出す

そこで私は早急に2つのことを行いました。

まず、リーダーとしての方針をまとめることにしました。

チームとしてのビジョンや目標です。

次にそれに合わせた地図を描くことにしました。

地図を描くためには、自分と部下たちの強み・弱みを把握しておく必要があります。

そもそも、部下の特徴、とりわけ強みと弱みがわからないことには、何を任せてよいのかがわかりません。

売れない営業マンと評価されていれども、入社以来3年間働いてきたわけですから、必ず何かできることがあるはず。そう信じて部下のSWOT分析を行いました。

実際にやってみると、それまで営業成績としては現れなかったものの、メンバー1人ひとりに、たとえばアポ取りが得意だったり、商品説明がうまかったり、聞き上手だったり、話し上手だったりと、それぞれに強みがあることがわかってきました。

そして、これらのファクトをもとに各人の強みが活かせるよう采配していきました。

この作業に要したのが約1週間。

スーパー突貫工事みたいな状態で新しい組織を構築していったのです。

で、その後はどうなったのか？

私の部署では「インサイドセールス」と呼ばれる、電話1本で訪問せずに商品をお客様に買ってもらう営業スタイルを取っていたのですが、トントン拍子に成果が出て、社内から「〇〇のセールスは金田のところに任せろ」と信頼されるほどに急成長しました。

部下の扱い方を知らなかった私と、いわゆる売れない営業マン8名が、会社が驚くほどの結果を叩き出す部署に大変身したのです。

きっと誰一人、私を任命した上司ですら、ここまでの結果は予想していなかったことでしょう。

部下の強みや弱みを掴むことで組織が動き出す

私の部署が成功を収めることができたのは、ＳＷＯＴ分析によるところが大きいです。

何の手がかりもないところで組織を動かすことはできませんし、それぞれの特徴を把握していない状態で部下や組織を効率的に動かすことはできません。

かつては前任者と同じようにやればよかった。

最初から地図や羅針盤が用意された状態からスタートすることができた。

ところが、いまはゼロから始めなければならないことが多々あります。

ひどい場合だと、途中でまたゼロに戻って始める羽目になることすらあります。

このようなときに何を頼りに行動していけばよいのか。その答えがＳＷＯＴ分析です。

リーダーになったばかりの人、リーダーを任されたはいいが思うように結果が出せていい

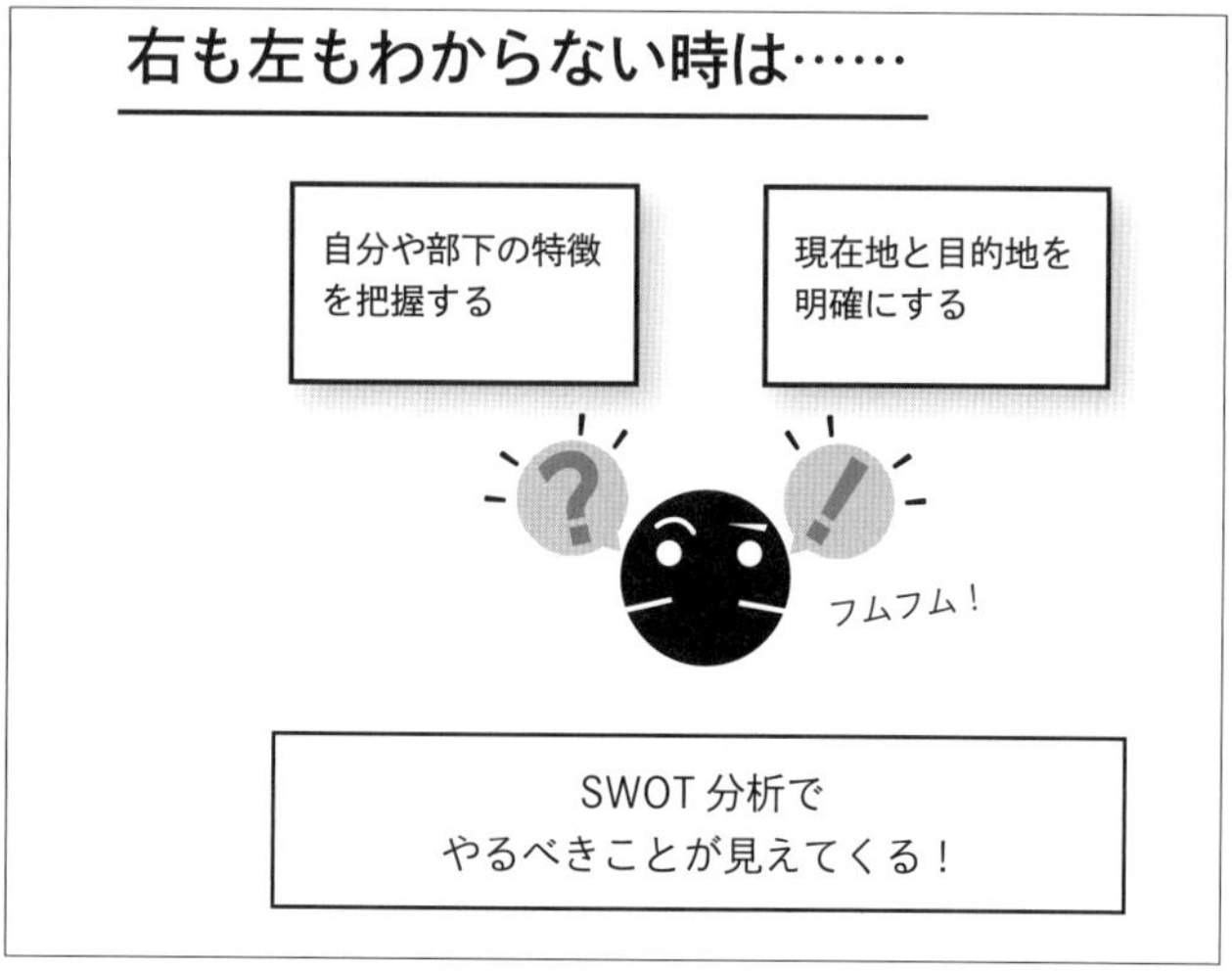
右も左もわからない時は……
自分や部下の特徴を把握する
現在地と目的地を明確にする
フムフム！
SWOT 分析でやるべきことが見えてくる！

ない。

そのようなときは、部下や自分のＳＷＯＴ分析を行い、まず現状を把握し、あるべき姿に対して地図を描いてみることをおすすめします。

自分のSWOT分析をしてみる

強み・弱みではなく、機会・脅威から書き出す

ここまででSWOT分析の必要性や有効性は理解いただけましたでしょうか。

SWOT分析を行うことで、すでにリーダーになっている人は「いま打つべき手」がわかり、これからリーダーになる人は「強いリーダーになるための準備」ができます。

S・W・O・Tのそれぞれの抽出方法ついては、次章から順番に詳しく説明していくのですが、前段として、ここではSWOT分析を進めるときのポイントをいくつか説明します。

まず、最初のポイントは、リーダーとしてSWOT分析を行うときは、S・WからではなくO・Tから始めるということです。

つまり、強みや弱みの「内部視点」よりも先に、機会や脅威の「外部視点」からピック

アップしていくのです。

それは、前にも簡単に話しましたが、ほとんどの強みや弱みが機会や脅威によって、あるときは強みになったり、あるときは弱みになったりするからです。

機会や脅威とは、市場の変化や競合の動きなどです。

それらを踏まえた上で、集中すべき領域を決めて、強みをぶつけていく。

同時に機会を得たり、脅威を未然に防ぐために弱みを補強していく。

このようにSWOT分析で得たファクトをベースに、S・W・O・Tをそれぞれ掛け合わせることで、次に取るべき行動を決めていきます。


とまあ、理屈はこうですが、機会や脅威からではやりにくいかもしれません。

そのようなときは、ひとまずS・W・O・Tの順にピックアップを進め、出揃ったところで、重要度の高いO・Tに、刺さると考えられるS・Wをぶつけてみるといった方法でもかまいません。

何度かやっていくうちにコツがつかめてくるはずです。

肝心なことは「O・Tを考慮しないS・Wに意味はない」ということ。

実際にSWOTを書いてみる

S 強み Strength あなたの長所、あなたの得意なこと	**W** 弱み Weakness あなたの短所、苦手なこと
O 機会 Opportunity チャンス。あなたや組織の目標や願望をもとに狙っていきたい技術や市場	**T** 脅威 Threat あなたや組織目標や願望をもとにあなたや組織にとって脅威となること

それは自分の長所や短所が必ずしも外部のニーズにあっているとは限らないからです。

また一人の人間にできることには限界がありますので、「集中するものを決めて行動しよう」という意味合いもあります。

では、実際にあなたの「S・W・O・T」を書き出してみてください。

分析結果をもとに戦略を固める

S・W・O・Tをノートなどに書き出したら、OにSとW、TにSとWをぶつけ、次の4点を検討してみます。

1. 長所を強化し、チャンスを最大化する
2. 短所を克服し、チャンスを逃さない
3. 長所を活かして、恐怖を克服する、脅威に備える
4. 短所を強化して、最悪の事態を避ける

この中でも特に重要なのが1と4です。
チャンスと脅威の2つが、あなたがまず向かうべきところです。
その際に自分の長所をどう活かすか、あるいはどう克服していくかを考えましょう。
2は、将来のための自己投資です。
弱みを克服することで、より自分を高め、他者との差別化が図れます。

30歳のときのSWOTと現在のSWOTでは大きく違っている

左ページの図は私が実際に行った自身のSWOT分析です。
上が30歳のときに作成したもので、下が現在のものです。

30歳のときのSWOT分析

S 強み Strength

・変化への挑戦魂と柔軟性 / 見える形にする力（形式知化技術）
・目標を達成するための集中力と行動力
・人をまとめる力 / リーダーシップ / 人への情熱
・プレゼンテーション力（自己PR力）
・マーケティング力（経営視点）
・英語を使った仕事術

W 弱み Weakness

・物腰の低さ（謙虚さ）　・笑顔の力（加えて挨拶力）
・短期、あきやすい　・理屈っぽい
・うまくいった時に油断する / 思い込む
・プレッシャーにぐらつく精神力の弱さ
・全体を見る目（自分のことだけに集中）
・多くを語る癖（10を10言う癖）
・安易にYesと言う（できると思いこむ）

O 機会 Opportunity

・英語でより複雑な業務ができる
・国際経験の豊富な経営者になれる
・他のグローバル企業への転職の機会
・様々な国の人と働く能力の向上（ダイバーシティ）
・海外で働く機会の増大
・国際人脈の拡大（老後の充実度が広がる期待）

T 脅威 Threat

・競争相手の成長　・海外労働人口の流入（競争相手増加）
・会社をクビになること、あるいは降格
・若さゆえ、より大きな責任を得にくい
・仕事が忙しくなることで会社以外の活動との両立が難しくなる
・責任があがることによるストレスアップ（早死にの不安）

現在（43歳）のSWOT分析

S 強み Strength

行動：方向性を示す（ビジョン／構想）
　　　ハンズオン（集中力／スピード感）
　　　チームワーク（人を巻き込む／能力を引き出す）
能力：戦略構想力（ゼロベース／論理性／優先付け）
　　　計画力（コミットメント／達成への仕込み）
　　　問題解決力（分析／俯瞰／忍耐力）
意識：超ポジティブ
　　　オープン
　　　責任感／主体性

W 弱み Weakness

行動：頑固、結論・結果をすぐ求める
　　　部下の行動リスク／トラブル管理（感度）
　　　優しい（苦手な人への遠慮／踏み込み）
能力：グローバル仕事力（ネイティブの土俵で）
　　　複雑に多くを考える（シンプルさ）
　　　ストレス耐性（超高ストレス状況でのタフさ）
意識：短気、面倒くさがり（やる気に左右）
　　　理屈っぽい（ロジカルすぎる）
　　　謙虚さ（調子に乗る）

O 機会 Opportunity

行動：グローバルに積極的に出る（仕事の結果）
　　　ビジネスに限定しない幅広い人脈作り
　　　働き方の変化（プライベート／健康）
能力：早くからの経営経験（経営者人材不足）
　　　創造力（革新的発想／変化に乗る）
　　　テクノロジーを活用した生産性向上
意識：厳格さ
　　　長期視点
　　　じっくり考える（結果に焦らない）

T 脅威 Threat

行動：グローバル変化への感度低下
　　　過去への固執（古い人間に）
　　　好き嫌いで人脈／物事を判断
能力：責任増による仕事のストレス耐性（健康）
　　　自分より若い世代と働く柔軟性
　　　体力の低下（若さ）
意識：謙虚さ（成功体験／世代）
　　　向上心
　　　好奇心

見ていただくとすぐにわかるように、両者の内容は大きく違っています。

たとえば、30歳のときに強みだった「英語を使った仕事術（グローバルな営業）」は、ネイティブの土俵で弱みになっています。

また年齢を重ねることによって、「変化への挑戦魂と柔軟性（柔軟な思考）」が、現在は「頑固、結論・結果をすぐに求める」（弱み）や「過去への固執（古い人間。凝り固まった思考になっていく）」（脅威）になってしまっていることがわかります。

このように、SWOT分析の結果は、年齢や外部環境とともに大きく変化していきます。

それだけではありません。強みや弱みは、あなたの現在の立場（役職など）によっても違ってきます。

たとえば、プレイヤーのときは強みだったことが、リーダーになったことで弱みになったり、逆にプレイヤーのときの弱みがリーダーの強みになることがあります。

また、20歳や30歳のときは「部下の行動リスク・トラブル管理」が大きな弱みとして上がってくることはありませんが、経験を重ね、経営層に近づいていくに従い、それが脅威として浮上してきます。

万が一、組織内で不正が行われた場合、それを見抜くことができなければ、経営層は責任を問われ、犯罪者になってしまうこともあります。

このようにＳＷＯＴの内容（特に強みと弱み）は、外部環境の変化に大きく左右されます。先ほど「ＳＷＯＴ分析はＯとＴから始めましょう」と話したわけがおわかりいただけたでしょう。

次章からは、強み・弱み・機会・脅威のそれぞれの抽出方法と、活用方法について具体的に見ていくことにします。

第1章のポイント

□リーダーには結果を出すことが求められ、そのためにはファクト（客観的な事実）が欠かせない

□従来は経営戦略の策定に用いられる「SWOT分析」で自分・部下のファクトを把握することができる

□自分の強み・弱み・機会・脅威を把握することで、先を見据えた上でいまやるべきことがわかるようになる

□部下の強み・弱みを把握しなければ、組織としての能力を発揮し結果を出すことも、部下を育てることも難しい

□SWOT分析は、ゴールに向かう「経路」、つまり、ゴールに至る過程で、何をすべきかが的確に判断できるようになるための「地図」と「羅針盤」のようなもの

□「S：強み」「W：弱み」は外部環境やポジションの変化に大きく影響を受けるため、SWOT分析は、「O：機会」「T：脅威」から始めたほうがいい

第2章

Strengths
「強み」を伸ばして圧倒する

リーダーとしての自分の強みを見つける

自分の強みをこれまで以上に発揮するには

この章では、SWOT分析の「S：強み（Strengths）」の見つけ方と伸ばし方についてお話していきます。

さて、説明に入る前にみなさんへ質問です。

・あなたの強みはなんですか？
・あなたにはリーダーとしての武器はありますか？
・その強み、あるいは武器は、どのような場面でも再現できるほどに具体的ですか？

一般に強みは弱みに比べて見つけにくいものです。

「あなたの強みを10個書き出してください」と言われてぱっと書き上げられる方はそう多

くはありません。

ですから、自分の強みがすぐに思いつかなくても安心してください。

そうした際には、次のことを考えてみましょう。

- 仕事の中で一番得意なことは何か。自信があることは何か。
- これまでに上司や部下たちから「すごいですね」と褒められたことはないか。
- なぜ自分は昇進できたのか。リーダーに選ばれた一番の理由は何か。

「○○については誰にも負けない自信がある」「そういえば以前、上司に△△について褒められたことがある」「過去に××のような大きな問題を解決してきた」「たぶん、自分のこの部分が評価されてリーダーに選ばれたのだと思う」など、強みに思えることをすべてノートなどに書き出していきましょう。

「人を巻き込むのがうまい」でもいいですし、「問題解決能力が高い」でも「常にポジティブ、前向きである」などでもかまいません。

前章で紹介した私のSWOT分析の結果を参考にされてもよいでしょう。

過去の実績を振り返り、成功の要因を分析してみるのもひとつの方法です。

強みがわからないときは上司に聞く

それでもよくわからない……。

本当にコレが自分の強みと言っていいのか自身が持てない……。

そのようなときは人に聞いてみましょう。

リーダーに選ばれたのでしたら、「私はなぜ課長に選ばれたのでしょうか。私のどのような部分が評価されたのでしょうか」となどと。

昇進は、上司に尋ねる絶好のタイミングです。

「自身の成長および今後のチームマネジメントに活かしていきたい」と理由を話せば、詳しく説明してくれるでしょう。

リーダーになって半年以上も経ってしまったら聞きにくくなりますし、尋ねてみても「何でいまさら聞くんだ？」と、ともすればマイナスの印象を与えかねません。

誰かに尋ねるならできるだけ早い段階がよいでしょう。

リーダーに選ばれるには、それなりの理由があるはずです。上の職位になればなるほどその席に座る人数は減っていくわけですから、必ず何か一芸に秀でているはずですし、周囲から「○○さんってこういう特長があるよね。こんなところがすごい」と評価される強みを持っているはずです。

ただの強みと発揮すべき強み

みなさん、自分の強みは見つけられたでしょうか。

それらの強みは、じつは2つに分類できます。

ビジネスにおいて、「発揮すべき強み」と「ただの強み」です。

機会や脅威から見たときに有効な強みが「発揮すべき強み」で、それ以外の強みは「ただの強み」となります。

と言うのも、何が強みになるのかは、外部環境によって違ってくるのです。

たとえばフィールドプレイヤーのときと、組織のリーダーになってからでは、求められる役割が違います。

求められるものが違えば、当然、発揮すべき強みも違ってきます。

非常に残念なことに、ここを勘違いして「どうでもいい強み」を振り回してしまい、一人空回りしてしまうというケースがよく見られます。


かつての私の部下、スズムラさんがそうでした。

新営業組織の立ち上げメンバーの一人に選ばれたスズムラさんは当時32歳。

当初は、特に目立ったところのない営業マンでしたが、しっかりといいところ、つまり強みがあり、それを活かすことで、3年後には課長に昇進しました。

ところが課長に昇進した途端に失速してしまいます。

自分の強みを正確に把握できていなかったからです。

次ページのものはスズムラさんのSWOT分析の結果です。

スズムラさんは一般に考えられている「あるべきリーダーの姿」を意識し過ぎて、自分の弱みである「組織を統制する」や「ビジョンや構想を部下に語る」ことに力を入れすぎ

スズムラさんのSWOT分析

S 強み Strength

■営業経験（既存顧客クロスセル、提案力、アカウントプラン／実行）
■構想を図式化／わかりやすく説明する（プレゼン力）
■グローバル組織を巻き込む（英語力）
★業務プロセスの経験・知識
★マーケティングの計画・実行

■：本人が認識し即発揮できる強み
★：本人が気づいていない「発揮すべき強み」（期待・機会があるも発揮できず）

W 弱み Weakness

▲ビジョン・構想を明確化する
▲組織を統制する（グイグイ引っ張る／厳しさ）
★営業経験（顧客上層部との関係作り、契約リスクの見極め）
★自分のモチベーションを管理する
★他部署を巻き込む（支援を得る）

▲：すぐには解決できない弱み（意識が向きすぎ空回り）
★：すぐに改善が期待されている「絶対死守の弱み」

O 機会 Opportunity

▲外部企業とのエコシステム促進（連携）
▲多種多様な人材のマネジメント（リーダーシップ強化）
★グローバル需要増加（グローバル組織との連携）
★デジタルマーケティングの普及（連携モデル構築）

▲：すぐには実現できない機会（意識して空回り）
★：本来集中すべき機会（本人の認識弱い）

T 脅威 Threat

▲新興市場での新たな競合の台頭
▲既存パートナー企業との関係低下
★属人的な組織オペレーションによる組織力低下
★グローバル化による競争の激化（競合の侵食）

▲：いずれ対策すべき脅威（本人は焦り）
★：早期対策が必要な脅威

てしまい、部下たちから猛反発を受けることになっていました。

スズムラさんがリーダーになってまずやるべきことは、本来の持ち味である「営業経験」や「グローバル組織を巻き込む力」あるいは「業務プロセスの経験や知識」や「マーケティングの計画や実行力」をフルに活かして、組織を回転させていく。

そして、その過程でチームメンバーからの信頼を得ていくことだったのです。

ところがいきなりリーダー風を吹かせてしまったがために、チームの中で孤立し、一人疲弊してしまっていました。

孤立しているリーダーというのは、もはやリーダーと言えるか怪しいところです。

スズムラさんのように、もともとの能力が認められて昇進しているのに、その理由が明確にわかっていないために、リーダーになるとうまくスタートを切れない人は多くいます。

うまくいっていないのには必ず理由があります。

このようなときこそ自分の強みに立ち返ることが大切です。

ちなみにスズムラさんは、私の指導のもとに自身と部下のＳＷＯＴ分析を行い、本来の強みを活かしたリーダーシップを発揮し、結果を残していくことができました。

その後、Google、Amazon などで部長職を兼任し、今も活躍なさっています。

昇進は強みを整理する絶好の機会

昇進は、自分の強みを整理するよい機会です。

私のたとえで恐縮ですが、第1章で触れた、30歳で部長に昇進した時の強みは「変化への挑戦魂と柔軟性／見える形にする力」が〝発揮すべき強み〟でした。

この組織（インサイドセールス）が、1年目8名↓2年目17名、3年目42名と急拡大し、SAPグローバルの従業員満足度で最上位にランクされた実績により、35歳で「オペレーションの本部長」に昇進します。

しかし、そこは、当時従業員満足度が最悪の組織でした。

歴代本部長が3年で5名変わる過酷な本部。組織内が縦割りで、メンタルヘルスが部長クラスも含めて数名。この状態で、会社の全経営戦略と会社の経営中期計画を統括する。

そこで私が〝発揮すべき強み〟は部長時代に培った「人をまとめる力」。当時の社長の期待値でした。
この組織を3ヶ月で再生し、その後38歳の時に営業部門の本部長へ。
そのときの〝発揮すべき強み〟は、オペレーション組織の本部長時代に成功した、「戦略を策定する（ビジョン／構想）」力です。

このように、強みは年齢や経験で大きく進化していくと共に、環境によって発揮すべき強みも変化していきます。

短い時間でかまいません。上位の人間から期待されている強みは何か、自分は何をもって昇進できたのか、今後も活かせる強みはどこにあるのか、原点回帰してみましょう。自分の強みをはっきりさせることで、「ここに注力すればいいんだ」ということがわかります。

強みがわかれば、よいスタートダッシュが切れますし、もともとの強みをさらに伸ばし、リーダーとして組織を回し、結果を残していけるでしょう。

繰り返しになりますが、重要なことは、単に「自分の強み」がわかっているではなく、「本来集中すべき領域の強み」を正確に把握していることです。

ここを勘違いしてしまうと誤った道を進んでしまうことになります。

強みは「STAR」で説明できるようにする

強みは行動の結果として現れるもの

SWOT分析で見つけた強みは、「ただの強み」と「発揮すべき強み」に分類すべきだと説明しました。

次は、その発揮すべき強みをいかに再現できるようにするかを考える必要があります。

そのためには、強みの内容を分解し、深掘りしていくのが有効です。

強みの深掘りには、「STAR」というフレームワークを使います。

STARとは、Situation（状況）の「S」、Task（課題）の「T」、Action（行動）の「A」、Result（結果）の「R」の4要素それぞれの頭文字を取って名付けられたフレームワークです。

この4要素で整理することで、「どのような状況・課題に対して、どのような行動を取ることで、結果を得ることができたのか」を明確にするものです。

「強み」の3階層

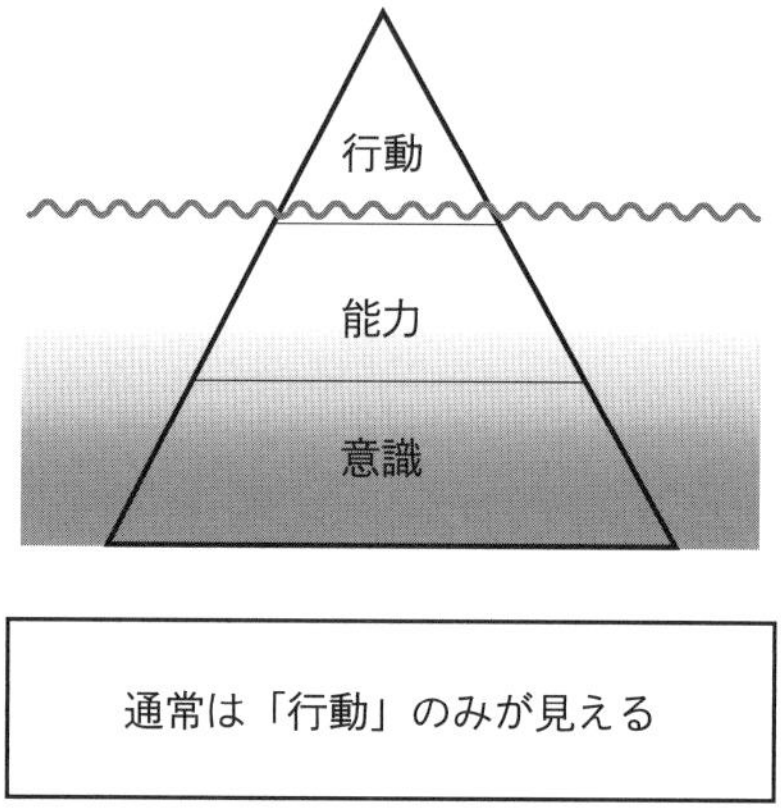

そもそも強みとは行動の結果として現れたものです。

何らかの行動（Action）があって、それが結果（Result）として出ることで、自身や周囲は「強み」と認識することができます。

この一連の流れを把握することで、あいまいな強みを再現性のある強みに昇華させるのです。

基本的に、強みは3つの階層によって構築されています。

それが、「行動」「能力」「意識」です。

この内、表面に現れるのは「行動」だけで、「能力」や「意識」はその人に内部にあるものので目には見えません。

その様子は、上図に示したピラミッドのよ

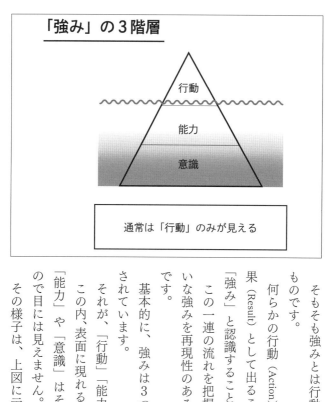

うな形をしていて、唯一「行動」だけが氷山の一角として私たちの目に見える形で現れているのです。

たとえば「金田さんはすごく話しやすい人ですね（お客様との関係づくりがうまい）」とお客様からお褒めいただいたとします。

普通なら「うれしいな。これが自分の強みだな」で終わってしまうところですが、このままでは強みを再現できません。

「周りの人は、なぜ私のことを話しやすいと評価してくれるのか」
「私は、どのようにしてお客様が話しやすい関係を構築しているのか」

などと強みを行動に分解していきます。

ここで考えられる理由としては、「話題が豊富で話が上手」「相手の気持ちを組むのがうまい」「聞き上手である」「好奇心が旺盛で人の話に真摯に耳を傾ける」などでしょうか。

「発揮すべき強み」がはっきりしたら、このようにして強みの原因となっている行動を突き止め、いつでも再現できる強みにします。

こうしておけば必要なときにいつでも強みを発揮できます。

いつでも発揮できる強みにするには

「営業として毎年売上を130％増してきたんです」

これは一見、強みに見えますが、実は単なる結果であって、再現性のある強みまで落とし込めていません。

再現性のある強みとは、その数字を支えていた行動のほうです。

たとえば「自社の製品については誰よりも詳しい」とか「アポイントを取るために誰よりもお客様に電話をしている」とか「プレゼンテーションが得意である」といったレベルまで強みを分解しておくことで、強みを再現できるようになります。

言い換えれば、結果が再現できるようになるのです。

「誰よりも新規契約を取ってこれる」も同様です。

これは「初回コールからお客様に良い印象を与えるのが得意である」とか「地道に通い続けて信頼を得るのが得意です」とか「新製品のことを誰よりも勉強していて、誰にでもわかりやすい言葉で説明することができる」といったレベルまで深掘りする必要があります。

状況・課題（S・T）に対する行動（A）と結果（R）が結びついてはじめて、結果を出せる強みがしっかりわかっていると言えるのです。

部下の強みを分解して行動を促す

部下に対して「とにかく結果を上げてこい！」というResultだけのリーダーは良いリーダーとは言えません。

箸の上げ下げまでは指導しないにしても、しっかりと部下の強みを見極め、行動を促してあげれば、部下は結果を出します。

たとえば、「結果を上げてこい」を分解すると、「商談件数を増やす」「商談金額を増やす」。「商談件数を増やす」ためには「新規コンタクトを増やす」「訪問件数を増やす」。「商談金額を増やす」ためには「提案する商品・サービスバリエーションを増やす（勉強する）」「上司を商談に巻き込む」。

こうやって部下が明日から行動できるレベルまでSituation・Taskを分解する。

その上で、すぐに結果に結びつかないにしても、SWOT分析で「いまは結果が出せていないかもしれないけど、あなたのココは強い」と部下の強みを見抜き、「このSituation・Taskのときには、こういうActionで強みが発揮できます」と導いてあげるとよいでしょう。

いまやるべきことが部下に伝わり、同時に自分の強みをリーダーに認められたことで自信を持って行動できるはずです。

強みは「掛け算」することで差別化できる

強みを掛け合わせることでオンリーワンに近づく

「英語が堪能で、なおかつＩＴを駆使した仕事ができる」
「プレゼンテーションが得意で、かつＳＮＳを活用したプロモーションに知見がある」

英語が得意、ＩＴが使える、プレゼンテーションがうまい……。

一芸に秀でた人はたくさんいますが、複数の強みを兼ね備えた人となるとその数はぐっと減ります。

何が言いたいのかというと、強みは掛け合わせるほどに、他者との差別化ができ、オンリーワンへ近づいていく、ということです。

強みと強みを掛け算をすることで「あなたにしかない強み」が生まれるのです。

組み合わせる強みは機会から考える

強みの掛け合わせを考えたとき、どの強みとどの強みを掛け合わせるかが重要になります。

強みの掛け合わせを考えるときは、SWOTの「O：機会（Opportunity）」から考えるのがオススメです。

なぜなら、まったく関係のない強みを掛け合わせても効果が期待できないからです。ニーズのない強みを掛け合わせても仕方がありません。

柱となる強みがわかったら、そこに現在、あるいは将来訪れる機会において、有効だと考えられる強みを掛け合わせてみましょう。

たとえば、先ほど挙げた「英語が堪能×ITも得意」といった具合です。

イメージ的には、「コレとコレを組み合わせると世の中の変化的においしいよね」というものを選択するのがよいでしょう。

レアケースとして、「希少性の高い強み」を組み合わせることでも、差別化は可能ではあります。

しかし、希少性が高いだけで機会にマッチしないであろう強みであれば、ビジネスとして武器になる可能性も低くなってしまいます。

強みを掛け合わせるならば、やはり需要の高い強みを選ぶべきです。

一芸を極めるだけではもったいない

ひとつのスキルとして、たとえば英語に徹底的に磨きをかけるのもよいでしょう。

しかし、特定の強みだけではいずれ限界に達しますし、一般のビジネスでネイティブ並みの英語力を必要とされる機会はあまりないことです。

それにも関わらず、そこに時間を（必要であればお金も）注ぎ込み、必要以上に特定の能力だけを極めていくのは、もったいないと思います。

英語が一定レベルに達したら、そのまま磨き続けるのではなく、「そこに組み合わせる世の中の変化的においしい」というもの、たとえば「英語圏に情報発信ができる」「海外のさまざまなメディア（ニュースのほか、SNSなども含めて）から情報収集ができる」など、英語を軸としたビジネス展開ができることを目指すほうが、強みが尖ります。

そうすることによって「あの人は得意の英語を使って、他の人には真似できない仕事をしている」と高く評価されるようになります。

強みをオンリーワンの強みに高める

ここまでのお話を整理すると次のようになります。

まずSWOT分析で見つかった強みを客観的に評価する。

さらに磨きをかける必要があれば、集中して「一芸」と呼べるレベルに高める。

目標とするレベルに達したら、それで満足することなく、今度は他の強みを掛け合わせて、磨いてきた強みをさらに強化できないか考えてみる。

このときにどの強みを掛け合わせるかは機会を考慮して決める。

リーダーとしての強みを極めていきたいのなら、リーダーとして期待されている「あるべき姿」や「あるべき姿が導き出す市場」などから逆算していくとよいでしょう。

いまある強みに「倍がけ」する

強みを極めていくことがリーダーとしての成功につながる

何かを極めるためには1万時間の練習が必要だと言われます。

柱となる強み、それに掛け合わせる強みが見つかったら、そこだけに注力して、それらの強みを徹底的に磨いていきましょう。

いまある強みを極めていくことがリーダーとしての成功につながっていきます。


多くの人が「リーダーは、いろいろなことができなきゃいけない」と思っているようですが、そのようなことはありません。

これからの時代、なんでもそつなくできる平均的なリーダーよりも、ある部分で突出したリーダーが必要とされます。

「平均的にできる」では、周囲からするとそのほか大勢の人と変わりありません。

リーダーになったばかりだとしたら、当然経験値はゼロですから、「平均的なリーダーよりも劣っている」と考えられます。

その状況で他よりも頭ひとつ抜け出すためには、突出した「強み」が欠かせません。でなければ成果どころか部下すらついてきてくれません。

リーダーには、他の人にはない強みが何かひとつ必要なのです。

だからといって、これから新たな強みを作るにはそれなりの時間が必要ですし、努力してようやく成果が出てきました、などと悠長なことは言ってられません。

リーダーには、結果はもちろんスピードが求められます。

そこでどうするかというと、他にはない自分だけの強みを持つために、いまある強みの中から最小限の強みに絞って磨きをかけていくのです。

特定の強みに磨きをかけると同時に、強みの掛け合わせを行い、そこに集中する。

こうして結果が出るまでの時間をできるだけ短くするわけです。

強みの強化に集中することによるリスク

とはいえ、特定の強みにばかり集中することにはリスクもあります。

ＳＷＯＴ分析では、

１．長所を強化し、チャンスを最大化する
２．短所を克服し、チャンスを逃さない
３．長所を活かして、恐怖を克服する（脅威に備える）
４．短所を強化して、最悪の事態を避ける

の内の、１と４を同時に進めるのが理想ではあるのです。

長所を強化しながら、同時に脅威を避けるために短所を補っていくのが定石なのはご理解いただけると思います。

強みの強化に多くの時間を投入する一方で、決定的な弱みもあり、それを放置してしまうことで致命傷を受けてしまっては本末転倒です。

ですから、ＳＷＯＴ分析の結果を俯瞰的に分析、判断、行動していく必要があります。強みを伸ばすよりも、弱みをフォローするほうが急務だと判断したなら、そちらに先に取りかかるべきです。

必ずしも強みの強化に専念することはありません。

何を優先するか判断するのもリーダーの大事な役割ですし、どちらが重要かはＳＷＯＴ分析を通じて見えてくるはずです。

そもそもＳＷＯＴ分析とは、Ｓ・Ｗ・Ｏ・Ｔそれぞれの観点から総合的に状況を判断して戦略を策定し、行動するためのフレームワークです。

分析の内容をもとに、さまざまな検討を重ね、結果として、すぐに成果が出ることに注力していく、あるいは足りない部分を補強していく。

強みや弱みなど、ひとつの観点だけを根拠に戦略を策定することはありません。

その点を忘れないようにしてください。

強みが欲しいと思ったときにどうするか

相手をベンチマークし行動をコピーする

いまある強みを短い時間で効率的に伸ばしていくにはどうしたらよいでしょうか？

私が考える最強の方法は、誰かをベンチマークして真似ることです。

「こんな強みが欲しいな」と思ったら、既にその強みを持っている相手の行動と自分の行動を比較して、よい部分をコピーするのです。

コピーの対象になるのは、あなたが目指す強みを持った上司や先輩たちです。

他人と自分のやり方を比較したとき、「あっ、そんないいやり方があったのか」と気づくことがあります。

そうした行動を徹底的にコピーしましょう。

自分のやり方に固執するのは愚の骨頂です。

ムダなプライドは捨てて、がんがんパクってください。

コピー&パクリは、欲しい強みを最速かつ効率的に強化する最強の方法です。


たとえば、同じ部署に文書作成能力に秀でた先輩がいたとします。

よくよく観察してみたら、その先輩は文章をチェックするためのマニュアルを自分で作成し、それに則って社内文書を作っていることがわかりました。

だから誰よりも早く、正確で、要点をついた文書を作成できたのです。

であれば、それをそっくり真似てみましょう。

自分も先輩と同じように文書作成用のマニュアルを作成し、文書作成時の参考にするのです。

内容については、直接、先輩に尋ねてもよいでしょう。

また、優れた文書を参考に自分でゼロから作るのも勉強になります。

文書フォーマット、構成、用語の使い方など、ポイントを知ることで短い期間で秀でた人の経験を吸収し、自分のものにするのです。

こうして作成したマニュアルはひとつの財産です。

将来、あなたの部下の指導にも役立つことでしょう。

あえて自分のやり方に固執せず、上司や先輩のよいところを積極的に吸収していくのが強みを強化したいときの早道です。

やり方を真似てプレゼン力を徹底的に鍛え込んだ

自分よりも3年4年、あるいは10年以上先輩の強み（行動）をそのまま真似ることで、先達たちが要した時間と経験を一気にキャッチアップすることができます。

私の場合は、プレゼンテーション能力がそうでした。

27歳のときに社内の情報管理のスキルが評価され、私のもとに社内のさまざまな情報が集まるようなりました。

それに合わせてプレゼンテーションやセミナーで講師を務める機会も増え、あるときから「金田さんは若い割には資料の説明がうまいね」と褒められるようになりました。

20代後半の私はプレゼン力がひとつの自慢であり、自信にもつながっていたのです。

私はそのプレゼン能力にさらに磨きをかけるために「倍がけ」をすることにしました。

社内や上司からの依頼のほかに、プレゼンやセミナー講師の機会があれば積極的に手を挙げるようにしたのです。

プレゼンマスターになるために、社内・社外を問わずにとにかく場数を増やすことで強みに磨きをかけていこうと考えたわけです。


同時に、自分よりもプレゼンのうまい人のやり方をパクります。

もちろん私よりうまい人は何人もいましたが、圧倒的に突出していた先輩がタマキさんです。

社内でも、社外でも、大事なプレゼンのオファーは必ずタマキさんに行き、結果を出してくる。

もうおわかりですね。私はタマキさんのやり方を徹底的にパクることにしました。

冒頭のつかみ、間のとり方、場の盛り上げ方、笑いのとり方、話の締め方——自分が「いいな」と思った部分はすべて取り入れ、コピーし、自分のプレゼンで同じ風にやりました。

結果、私のプレゼン能力は飛躍的に高まり、周囲からは「小タマキ」と称されるようになったのです。

人によっては揶揄とも取れますが、私には最大の賛辞でした。

余談ですが、タマキさんこと玉木一郎さんは、現在スポティファイジャパンで代表取締役社長として活躍されています。

真似ることで数年先を走る先輩にキャッチアップする

周囲を見渡して、「あの人のこの強みが欲しいな」と思ったらパクってください。

パクるという言葉が気になるようでしたら、模範にするなどと言ってもいいでしょう。

自分なりのやり方で自分を高めていくこともすばらしいことですが、時間がかかりすぎます。

優れた教師に学べば（真似れば）、その半分以下の時間で欲しい強みが手に入ります。

私も、部長に昇格した際に、先輩部長のリーダーシップを徹底的にコピーしました。

当時、私は30歳と最年少だったので、先輩部長は30代後半から40代が大多数。

この先輩部長たちから、「部下への厳しい接し方」「部下への細かいケアの方法」「上司の巻き込み方」など、ベンチマークし、その人の行動習慣、発言までコピーしました。

飲んだ時に聞いた名言集も、よくその場でメモをしてパクっていました。

たとえば、「リーダーは失敗したとき、2回目まで許す我慢強さが必要（当時の社長から）」であったり、「ダメなものはダメ、でも学ぶ（当時の本部長）」など。

自分が当時強みだと思った、「目標を達成するための集中力」も同様にパクってさらに磨き込みました。


スポーツでもビジネスでも同じです。

自分よりも3年から5年上の先輩たちをベンチマークして、その行動や思考をコピーする。

すると時間を掛けずに、同年代の仲間たちよりも一歩抜きん出た人物に成長することができます。

強みは小さな目標を立てながら「検証」する

目標を細分化してコツコツと達成する

「相手をベンチマークして行動を真似る」と言っても、相手との差が大きすぎて真似ることすら難しいということがあるかもしれません。

そのようなときは、いきなりすべてを真似しようとするのではなく、最終的な目標までの道筋をいくつかに分けて、1つひとつクリアしていくとよいでしょう。

先ほどの私の例で見てみましょう。

SWOT分析の結果、私の強みは「プレゼンテーション能力」であることがわかりました。その裏付けとなったのは、ある先輩の言葉、「金田さんは若いわりには資料の説明がうまいね」です。

20代半後半の私の最大の強みはプレゼン力でした。

ただし、お気づきでしょうか？

先の言葉は、強みを認める一方で、私のプレゼン能力がベストではないことも示していました。

あくまでも「年の割に」「同世代の中では」という限定付きだったのです。

そこで私は社内でトップレベルのプレゼンターになること、具体的には役員向けにもプレゼンテーションができるスキルを身につけることを大きな目標としました。

最初に私が行ったのは、先ほどもお話したように、プレゼンテーションの場数を増やすことです。

同世代の誰よりも、経験値を得る機会を増やしてスキルに磨きをかけようとしたのです。

またSTAR分析によって、私のプレゼンーション能力は「入念な準備」と「要点を3つにまとめて説明している」ことで再現されることがわかったので、そこは毎回必ず押さえるようにしました。

役員向けのプレゼンを想定して実験を繰り返す

次に行ったのが目標の細分化です。

最終目標は、役員向けのプレゼンターを務めること。

そこで役員向けのプレゼンに求められる条件を自分なりに考えてみました。


ひとつはプレゼンに与えられる時間の短さです。

役員向けのプレゼンに20分与えられることはまずありませんでした。

長くて5分。場合によっては1分で終えなければならないこともあります。

ということは、これまで10分かけていたプレゼンをその半分の時間で完結するようにしなければなりません。


もうひとつはプレゼンの内容です。

役員の方々は、ちょっとやそっとのことでは振り向いてくれません。

彼らを驚かせるような提案が必要ですし、聞く人の心を揺さぶるようなプレゼンスキルが求められます。

つまり、

・プレゼン時間の短縮

・提案力およびプレゼンスキルの向上

が必要なわけです。

私は、これら2つの小さな目標をクリアできるよう、段階的に少しずつ強みに磨きをかけていくことにしました。

時間の短縮については、リスクの低い現場で実験を繰り返しました。

10分を8分にしてみよう、8分を6分にしてみよう――。

このように小刻みに課題をクリアしていくのです、

提案力の向上や心を揺さぶるプレゼンスキルについては、プレゼン能力の高い先輩たちをコピーして試し、モノにしていきました。
先ほどお話した玉木一郎さんがその一人です。

こうした実験を何度も繰り返すことで、大きなチャンスが巡ってきたときに、周囲の期待以上の結果を出すことができます。

実際に「試しに金田に役員向けのプレゼンをやらせてみたら、一発でやり抜きやがった、多少粗さはあるけどね」と評価され、次々とプレゼンの機会をいただけるようになりました。

また、同僚からは「金田さん、30歳で部長になったけど、38歳級のプレゼン能力だよね」と褒められましたし、部下たちは「プレゼンに関しては金田さんについていきます」と条件付きではあるものの、私を頼ってくれるようになったのです。

単に「自分は〇〇〇が得意です」と思っている内は、たいがい同期や1、2年先輩と比べて得意だという程度のレベルでしかなく、突出しているとは言えません。

そこから一歩抜け出すためには、大きな目標を細分化して、小さな目標をコツコツとクリアし、とことん磨くをかけていく。

そうすることで5年先輩から課長部長クラスまでキャッチアップしていけます。

1年先ではなく、3年先、5年先に目線を向けて、一芸でいいから磨き込んでいく。

いま係長なら課長、課長なら部長を視野に入れ、いまの自分から2ステップ、3ステップを狙っていく。

そのために有効なのが小さな目標を設定し、それをひとつひとつ達成していくこと。

いまよりももっと上を目指したいなら、こうした地味な努力が欠かせません。

部下の長所を「明確」にできるほど組織力はアップする

部下の強みや弱みをノートに記録しておく

あなたは部下のことをどこまで理解していますか？

部下の強みや弱みを具体的にパッと答えることができますか？

部下の強みや弱みをきちんと理解し、強みを伸ばしてあげたり、弱みを補ってあげたりしていますか？


部下に結果ばかりを期待するのではなく、強みを伸ばし、弱みを補い、成長の機会を提供していきましょう。

それこそがリーダーが真っ先にやるべきミッションです。

いま部下の強みや弱みをはっきり把握できていなくても大丈夫です。

これまでに自分の強みや弱み（次章で詳しく扱います）を見極めるために行ってきた、ＳＷ

OT分析とSTAR分析を部下に展開していけばすぐにわかってきます。

ただし、部下といっても他人ですから、自分のこと以上にその行動を記憶しておくことは難しいでしょう。

そこでおすすめするのが「SWOTメモ」です。

部下をSWOT分析するために、日頃から部下の行動とその結果を記録しておくのです。

「どういうときに、どのような行動をして、こういう結果を出しました」などとメモに残しておけば、SWOT分析だけではなく、評価セクションの中間レビューなどでも、

「〇〇さんね、今回の目標はこうだったね。で、早速5月に成功体験があったね」

「え、何のことでしたっけ」

「5月にお客さんと商談に行ったでしょう。あのときのやりとりがすごくロジカルで印象に残っているんだよ。あれこそ〇〇さんの強みでしょう」

「そんなこと覚えてるんですか？」

「おかげで安心して見ていられたからね」

といったふうに、部下の強みを具体的に説明できます。上司が、自分のことを見ていてくれる、認めてくれる、評価してくれる。部下にとってこれほどうれしいことはないでしょう。モチベーションだって上がります。

部下が自分の強みを知るきっかけを作ってあげる

結果が出ていない場合でも、プラスの行動を取ったときには、メモを取っておきます。「アポ取りの件数が30％を増えた」「商談中のお客様が20％増えた」など、プラスの面を評価し、そのためにとった行動を記録しておきましょう。

そして何かの機会に、見つけておいた「強み」を本人に伝えてあげてください。

強みは記録するだけでは意味がなく、本人に気づいてもらってはじめて生きてきます。たとえば「○○君は、こういう行動を取ったから、結果につながったんだよ」など。すごくベタな方法ですが、部下たちは自分の行動が評価されたと喜びます。

人間、褒められるとうれしくなって、また褒められようと勝手にやりだします。褒めたり、認めたりすることで自発性は自然と高まっていくのです。

実際のところ、部下のほとんどが自分の強みを把握できていません。

だからこそ、リーダが部下に変わってＳＷＯＴ分析を行い、それぞれの持つ強みに気づかせてあげる必要があるのです。

結果が出ていないときこそ「強み」に気づかせる

結果が出ていないとき、疲れてた顔をしているとき、弱っているとき。

このようなときも部下に自身の強みを伝えるチャンスです。

たとえば、先にも例として挙げたスズムラさん。

彼が課長に昇進した際、当初は意気揚々とした顔で仕事も楽しんでいる様子でしたが、３ヶ月も過ぎたころに様子が一変。いつ見ても疲れた顔をしています。

見かねた私はスズムラさんに「困っているのではないの？」と声をかけました。

それまでもうまくいっていない雰囲気は感じていたのですが、ギリギリまで放っておいてしまったのです。

スズムラさんを会議室に呼び出し、状況を尋ねました。

やはりリーダーになって立ち上げた案件がうまく進んでいないようです。

そこで私はスズムラさんに聞きました。

「そもそもね、スズムラさんて昇進して何が期待されてるかわかってる？」

すると、「やっぱり営業としての経験を買われたんじゃないですか。でも、私は部下のマネジメントとかが苦手で、リーダーとしての自信があまりないんですよね」との答えが。

やる気はあるのですが、リーダとしての自信を失い、何をすればよいのかがわからなくなっているんですね。

このようなときにリーダーがやるべきことは、部下のモチベーションを上げてやること。

ただし、「がんばろう！」などの精神論ではお話になりませんし、その場しのぎに過ぎません。

再現性のある強みを本人に伝えて自信を取り戻す手伝いをしてあげましょう。

「確かに、リーダーにとって部下の管理は大事なことだけど、それ以外にも大切なことはあるでしょう。チーム全体の業務プロセスの課題を解決していく能力も必要だし、これまでになかった取り組みを始めることだって重要な仕事だよね。会社は、スズムラさんのそうした業務改善能力を買っているんだよ」

このように伝えると、ずっとうつむき加減だったスズムラさんがゆっくりと顔を上げ、

「そうなんですか……。そうですよね。マネジメントが苦手なことは会社だってわかっているはずですよね」と少しだけ明るい表情が戻ってきました。

「そうそう。お客さんが何を求めているかは、スズムラさんが一番よく知っているよね。そんな中で、うちのオペレーションはどんどんグローバル連携が進んでるから、例えばお

客さんのグローバル体制のサポートをするとすごく喜ぶんじゃないかな」

「そうですよね」

「それに、マーケティングって競合他社もだいぶ増えてきているのに、うちは相変わらず昔のままのスタイルでセミナーをやっているでしょう。そのことはどう思います？」

「確かに……」

「これってうちにとってチャンスじゃない？」

「そうですよね」

「その点について新しい企画を考えてみたらどう？　スズムラさんなら顧客目線のいい企画が出せそうだと思うんだけど」

「あ、そっか！」


このようにして落ち込んでいる部下に前向きなエネルギーを投入していくのです。

それができるのも部下のＳＷＯＴ、とりわけ強みと機会を明確にできているからです。

もちろん部下が自身の強みを明確に把握できればできるほど組織としての力は高まっていきます。

部下の強みを「掛け合わせる」

ユニット営業で互いの弱みを補い、強みを発揮させる

部下のSWOT分析をして強みを把握しておくことのさらなるメリットは、部下同士の強みを掛け合わせることができるということです。

強みと強みを掛け合わせることで、部下の強みを最大限に引き出し、同時に互いの弱みを補うことができます。

たとえば、アポ取りの得意なAさんと商品説明が得意なBさんがいます。

この2人でユニット営業をさせると、1人のときよりも成果が出せるようになります。

仮にAさんが1人で営業した場合、アポ取りは得意なのでつねに複数の案件を持っています。

ところが、商品説明が上手ではないので成約率は上がりません。

一方のBさんも、アポ取りが苦手なのでAさんに比べて手持ちの案件が少なく、成約率が高いにもかかわらず、数が伸びません。

そこで、両者の弱みを補い合えるAさんとBさんでユニットを組ませる。

言い方を変えると、強みと強みを掛け合わせる。

するとどうなるか？

弱い部分はパートナーの強みで補い、自分の持つ本来の強みを存分に活かせるようになります。

ポイントは、似たような強みを持つ者同士ではなく、それぞれ別々の強みをもった人間を組み合わせる、掛け合わせることです。

リーダーが、SWOT分析を通じて部下の強みを明確に把握するからこそ、こうした施策が打てます。

部下の強みの相乗効果によって、より大きな成果を得る。

そのためにも、リーダーが部下のSWOT分析をしておくことは大切です。

チーム全体の成約率アップにもつながる

SWOT分析によって、すでにAさんの強み（アポ取り）とBさんの強み（商品説明）は言語化でき、リーダーにしてみれば「再現性を持った強み」にできる目算が立っているとします。

しかし、AさんもBさんも、〝なぜ〟の部分は曖昧でした。

リーダーは、Aさんを「A君はアポ取りが得意だね」と評価し、「なんでお客さんとの約束を取り付けるのがうまいか自分ではわかる？」とヒアリングをします。

Aさん自身、自分がアポ取りがうまいことは自覚していますが、その理由まではわかっていません。

そこでリーダーが「A君は、いつも〇〇のような対応をしているでしょう。それがきっとお客様の心に響くんだと思うよ」などとSTAR分析の道筋をつけてあげる。

こうすることで、なんとなく強みと思っていたことが、再現性のある強みに変わっていきます。

さらに、その場にアポ取りの苦手なBさんを同席させれば、「なるほど、そのようにやればアポ取りがうまくいくのか」とわかりますし、実際にAさんと一緒に営業に回っていれば、そのやり方を直に見て学ぶことができます。

部下の強みを把握し、うまく組み合わせることで、こうした相乗効果が期待できます。

みんなの前で褒めることが大前提だが……

みなさんもご存知のように「部下を褒めるときはみんなの前で、叱るときは1人のときに」が鉄則です。

これに倣い、部下に強みを伝えるときは、誰かが一緒に居るときがいいでしょう。

逆に弱みについて言及するときは、当人だけのときにしましょう。

と、ここまではオーソドックスなのですが、そこまで単純な話でもないと思います。

褒めることによって、褒められた本人はうれしくなってモチベーションは高まります。

ところが、それを快く思わない人間も少なからずいるのです。

チームの中には「また、あいつが褒められている」とか「あいつばかり贔屓しやかがって」などと斜に構えてしまう人が出てきます。

誰かを褒めることが、別の作用を引き起こすことがままあるのです。

ですので、原則はあくまで「褒めるときはみんなの前で褒める」ですが、だからといって毎回毎回、同じように同じ部下を褒めるのは控えたほうが賢明です。

私の場合は、原則からは外れませすが、基本的には、個人単位、つまりワン・オン・ワンで部下を褒め、チーム全体の士気がアップするような案件については全員の前で発表する（褒める）ようにしています。

ワン・オン・ワンの面談は、強みを持っているのに、それを活かしきれず、伸び悩んでいるときにも効果があります。

「あいつそろそろ限界かな」と感じたときに部下を呼び出して、「ここはいいけど、ここはちょっと苦手だよね。これがうまくいったらもっとうまくいくんじゃない」みたいな話をして気持ちを上向きにしてあげる。

前の項でお話したスズムラさんがそうです。

まず強みを褒めて、弱みの克服法を教えて、やる気にさせる。

意外とこうしたちょっとやり取りで気持ちが切り替わり「リーダーに言われたとおりにやってみたら、うまくいきました」となるものです。

チームの強みを「束ね」て結果を出す

束ねることで結果を最大化する

部下の強みを掛け合わせることで組織として力が高まっていくことは、すでにお話したとおりです。

次は、これを応用して「強み×強み」を横方向に展開していきます。

たとえば、AさんとBさんの2人でユニット営業をさせたところ、2人ともこれまでにない成果を収めることができました。

そこで2人の成功体験をCさん、Dさんにも展開していくことにしました。

もちろんこれもうまく行きました。

これを繰り返して、最初はひとつひとつバラバラだった個々の強みを組織全体に広げていく。

チーム全員で強みを共有していく、これが、チームの強みを束ねて結果を最大化するということです。


こうなってくると、周囲の見方が変わってきます。

それまでは突出した個にだけ注目が集まっていましたが、今度は組織として一目置かれるようになるのです。たとえば、

「どの部署よりも役員に直接アクセスできる課長」

「訪問なしでも契約が結べるチームの課長」

「どこよりもＩＴを駆使して組織運営ができるリーダー」


といった具合です。

このレベルまで達すればひとつのブランドです。

「○○株式会社ってこんな会社だよね」と言われるように、「金田さんの組織は株式会社

インサイドセールスセンターだよね」みたいなイメージで語られるようになる。

少し前までは「売れない営業」の集まりと冷ややかな目で見られていた部署が一目置かれるようになる。

部下たちも、自分が一芸に秀でた組織に属していることを自慢に思い、「自分たちの強みはどこよりもインサイドセールスができることなんだ」と自覚するようになる。

ここまでくれば、放っておいても、部下たちは自主的に行動し、成果を上げてくることでしょう。

それぞれの強みを組織全体で共有していく

アポ取りが得意な人、商品説明が得意な人、資料作成がうまい人、人の話を聞くのがうまい人、ロジカルに考えられる人――いろいろな強みを持った部下がいます。

そうした強みをチーム全体で共有して、組織としてほかよりも一歩も二歩も秀でた結果を出していく。

そのためにリーダーは、ＳＷＯＴ分析によって部下たちの強みをしっかりと把握し、Ｓ

TARで整理しておくことです。

強みがわからなかったら、当然束ねることはできません。

束ねることができなければ、期待以上の成果は望めないでしょう。

部下の強みは、リーダーがその本質を見抜き、まとめることでより一層の強みとなって現れます。


先輩から学び、私もやっていることなのですが、自分の組織の会議やミーティングで、「先週の成功体験」をリーダーからメンバー全員に共有する、というのも効果があります。

これを毎週やるだけで、目に見えて誰が意識高く仕事をして成功体験を得ているかが共有(個人個人の強みを全体に共有)でき、同時に意識が比較的低い人へ刺激を与え、競争原理を働かせることができます。

ただし、意識が極端に低い人にはプレッシャーになるという弊害もあるので、そのケアとして個別面談を入れてあげることも重要でしょう。

その際も、毎週出てきた様々な成功体験をベースに、「あなたもそうなりたいか?」「どうしたらそうなれると思うか?」など本音を聞き出しやすくなりますので、オススメです。

第2章のポイント

□「強み」は見つけにくいもの。「自信のあること」「褒められたこと」「評価されていると思うこと」などの観点で書き出してみる

□「強み」は、機会や脅威に有効な「発揮すべき強み」と「ただの強み」に分けられる。「ただの強み」を振り回しても空回りするだけであり、結果を出すためには、本来集中すべき「発揮すべき強み」を正確に把握しなければならない

□「発揮すべき強み」をいつでも再現できるようにするために、強みを「ＳＴＡＲ」で深掘りする

□一芸に秀でるだけでなく、今後の機会に有効だと思われる強みを掛け合わせて「あなたにしかない強み」を見つけ、その強みに絞って磨きをかける

□優れた周囲の人を模倣し、細かい目標を設定し実行することで、その人の持つ強みを素早く獲得できる

□部下の強み・弱みを記録し、部下に気づかせるようにしてあげる。部下同士の強みを掛け合わせ、束ねることができるようになるから、組織としての結果が最大化できる

第3章

Weaknesses
「弱み」を見つけて補う

弱みは見つけやすい

すぐに解決すべき、致命的な弱みを見つける

本章では、Weaknesses（弱み）について説明していきますが、弱みは、強みと比べて見つけやすいと言えます。

これまでに他人から指摘されたり、それが原因で失敗したりしてきた経験があるからです。

人はみんな、自分の弱みには敏感で、見つけようと思えばいくらでも出てきます。

ですので、強みのときと同じように、見つけた弱みを仕分ける作業が必要です。

「すぐに解決すべき弱み（絶対死守）」と「すぐには解決できない弱み」の振り分けです。

弱みの見つけ方は、強みのときと同様に、機会と脅威に照らし合わせながらピックアップしていきます。

機会と脅威に関係しない弱みについては一旦省いてしまってかまいません。

1章のSWOT分析で取り上げた、「2．短所を克服し、チャンスを逃さない」と「4．短所を強化して、最悪の事態を避ける」に関するものを書き出していきましょう。

とりわけ重要なのは4です。

「この脅威に自分の弱みがハマってしまったらやばいよね」というものは、緊急性の高い弱みです。

つまり、一刻も早く手を打つべきです。

たとえば脅威に「競合他社の活発な動き」が挙がっていて、あなたの組織の弱みに「対応スピードの遅さ」があるようなら、すぐさま何らかの対策を講じなければなりません。

どうでもいい弱み、すぐには解決できない弱み

一方、ありがちな弱みとして「朝が弱い。早起きが苦手」などがあります。

こうした弱みは、正直9割方どうでもいいことです。

周りからは「〇〇さんは出社がいつもギリギリ。もっと早く来てください」などと言われ、本人も朝に苦手意識を持っている。

ですが、これは「すぐには解決できない」「どうでもいい」弱みに分類してかまいません。それが原因で業務に支障が出ているようでしたら別ですが、機会や脅威に直接関係しているのでなければ、このような弱みには一旦目をつぶってしまいましょう。

繰り返しになりますが、弱みは本当にいくらでも出てきますし、出てきた弱みをすべて潰していく時間はありません。

大事なことは、すぐに解決すべき弱みと、そのままにしておいてもよい弱みを仕分けること、そして出てきた弱みのどれから解決していくのか優先順をつけることです。

不得意分野に「ムダ」な時間を使わない

解決すべき弱みを絞り込む

前項でお話したように、弱みの中には気にしなくてもよい弱みと、緊急を要する弱みがあります。

まず、自分の弱みをピックアップしたら、その中からどうでもいい弱み、気にする必要のない弱みを切り捨てます。

そして、次に残った弱みに優先順位を付けていきます。

このようにして次の3つの弱みを分類します。

1. 絶対死守の弱み、すぐに手を打たないを致命的な結果を招く可能性が弱み
2. 何らかの対策が必要だが、急務ではない、後回しにしてもよい弱み
3. どうでもいい弱み、考えなくてもよい、気にしなくてもよい弱み

セミナーなどで「弱みを書き出してみましょう」と言うと、短時間のうちに10個も20個も挙げる方がいらっしゃいますが、そのほとんどが「3．どうでもいい弱み」に分類されます。

それほど、「弱み」というものは挙げやすいものなので、しっかり仕分けなければならないのですね。

時間のかかる弱みは後回しにする

弱みを上記の3つに仕分けていくと、急を要する弱みは多くても「10個のうちの3個」、あるいは「5個のうちの2個」程度になるでしょう。

それがわかったら、見つかった緊急性の高い2個ないし3個の弱みを解決・克服するための戦略を練っていきます。

ただし、気をつけなければいけないのが、弱みの中に、解決に時間のかかるものが含まれているケースです。

解決に時間を要するものは、不得意分野の弱みや性格的な弱みであることが多いです。

こうした解決に時間のかかる弱みは、よほどクリティカルなものでない限り、後回しにしましょう。いたずらに時間をかけてはいけません。

解決が比較的容易で、かつ結果が出やすいものに注力することがポイントです。

部下を共感させて動かすのが苦手だったオオサワさん

次ページの図表は、かつての部下、オオサワさんのSWOT分析の結果です。

オオサワさんの弱みは、周りの人を動かすのが苦手なこと。

部下に戦略やビジョンを示したり、共感して動いてもらうということができませんでした。

よい意味で超現実主義、学生時代はアイスホッケーをやっていた体育会系のリーダー。あるべき姿をイメージして語るよりも、目の前の案件をみんなでガンガンやっていこうぜというタイプです。

強気の姿勢や持ち前の能力が認められてリーダーに抜擢されたわけですが、従来のやり方では部下はついてきませんし、既存のパートナー企業との関係も低下、その上、競合と

オオサワさんのSWOT分析

S 強み Strength

■営業経験(新規案件化、顧客上層部との関係作り、アカウントプラン／実行)
■目標を部下に落とし実行管理する
■判断・行動の速さ（意思決定）
★ハンズオンによる部下の育成
★他部署を巻き込む（支援を得る）

■:本人が認識し即発揮できる強み
★:本人が気づいていない「発揮すべき強み」（期待・機会があるも発揮できず）

W 弱み Weakness

▲チームのあるべき姿をイメージし計画に落とす(ビジョン／モチベーション)
▲グローバル組織を巻き込む（英語力）
▲部下を共感させて動かす
★営業経験(提案力、製品知識・差別化、価格提案)
★業務プロセスの経験・知識

▲:すぐには解決できない弱み（うまく解決）
★:すぐに改善が期待されている「絶対死守の弱み」（うまく解決）

O 機会 Opportunity

▲グローバル組織との連携（グローバル需要増加）
★中堅市場に対する新規需要増加
★外部企業とのエコシステム促進
★デジタルマーケティングの普及（連携モデル構築）

▲:すぐには実現できない機会
★:本来集中すべき機会（本人の認識あり）

T 脅威 Threat

▲グローバル化による競争の激化
▲属人的な組織オペレーションによる組織力低下
★既存パートナー企業との関係低下
★中堅市場での競合との競争激化

▲:いずれ対策すべき脅威
★:早期対策が必要な脅威

の競争が激化するなど、いくつもの脅威に直面していました。

ところが、こうした性格的な弱みはそう簡単に直すことはできません。

そこで目を向けたのが、営業戦略の改善と業務プロセスの徹底です。

これまでの「がんがん売って確実に利益を取ってくればいいんでしょ」というやり方から「他社製品との差別化」「お客様への提案力」「製品に関する知識」を重視した戦略に方針を変換。

また、これまで現場に出てばかりでリーダーとしての業務管理を怠ってきたので、これもしっかりと行うように改善。

このようにして性格的な弱みよりも、すぐに実行できて、効果が得やすい弱みを優先して克服することにしたのです。

その結果、パートナー企業との関係はこれまで以上に密となり、また競合との競争に競り負けることはなく、さらには部下たちをぐいぐいと巻き込み、安定した成果を出せるまでに成長しました。

オオサワさんは、その後もバリバリと結果を出し、いまではマイクロソフトの執行役員を務めていらっしゃいます。

弱みは「さらけ出す」ほど楽になる

すでにできる人の力を借りる

早急に手を打たなければならない弱みを特定したら、次にやるべきことは、弱みを補ったり、克服したりすることです。

方法は２つあります。

ひとつは、「自分の弱点を補完する能力を高める」、もうひとつは「自分以外の人、たとえば上司やできる人の力を借りる」ことです。

世の中になんでもできる完璧な人などひとりもいません。

にもかかわらず、すべてを自分ひとりの力でやろうとするのはやめましょう。

効果が出るまでに時間がかかり効率的ではありません。

実は「弱み」というものは、人にさらけ出すほど、楽に解決できるようになるものです。SWOT分析によって、絶対死守すべき、急いでつぶさなければならない弱みが明らかになったら、すべて自力で何とかしようとせずに助けを仰ぎましょう。

弱みをさらけ出して、サポートしてもらうのです。

相当に優秀な人でない限り、ひとりで抱え込めば抱え込むほど、解決に時間がかかったり、場合によっては気づいたときには手のつけようのない状態に陥ったりします。

無理に自力でやろうとしないでいい

「絶対死守すべき弱み」が確定できたら、自力でどうにかしようとせず、他力で早期解決ができないかどうか検討してみましょう。

頼る対象は、前述のように上司やそれを得意とする人の支援です。

たとえば、これまでに営業戦略を立てたことがなく、どのように作ればよいのかがわからないようなら、作り方を相談したり、上司が作ったものを参考にさせてもらうとよいでしょうし、自分でたたき台を作ってそれを上司に見てもらうこともできます。

繰り返しになりますが、苦手なことは「すべて1人でやろうとしない」ことです。

上司やできる人とのやりとりを繰り返すことで、「ここは自分の読みが甘かった」とか「資料が十分に読み込めていなかった」とか「分析が足りなかった」など、弱みの中でもさらに細かなポイントが明らかになり、続けていくうちに成功パターンが見えてきます。


こうした経験と失敗と小さな成功体験の積み重ねで弱みを克服できます。

あれこれと悩むよりも、弱みを消すための実務経験を増やしていくことに重点を置きましょう。

2章でお話しした、「上司やできる人の行動パターンを真似る」のもよいでしょう。

彼らも、いま弱みを持つ自分と同じように弱みを持ち、そして自分よりも弱みを克服してきているはずです。

上司やできる人の支援を得ることで短い期間で失敗・成功・機会の蓄積ができます。

ここで得た成功体験は、近い将来、あなたの部下に展開していくことができます。

部下を巻き込んで協力者になってもらう

もうひとつは部下の活用です。

自身の「弱み」と判断されたことについては、思い切ってその分野を「強み」に持つ部下に任せてしまうのです。

すごくベタなやり方ですが、この方法にはリーダーと部下の双方にメリットがあります。

リーダーは自分の弱いところにムダに時間を割く必要がなくなります。

部下は自分の強みを活かす活躍の場が得られます。

つまり、上司が部下を活用することで、部下が評価される機会を作ってあげることができるのです。

人に「頼る」のではなく、人を「動かす」と考える

リーダーは人を動かして結果を出す。

これが最大のポイントです。

ですから、上司に相談できないのは大きな問題ですし、部下の前で「できないのにできるふりをする」のは、あとあと部下たちから激しい突き上げを食うことになりかねません。

人の上に立つリーダーになったからこそ、できるだけ人には頼りたくない。

その気持ちはわかりますが、最初の「立て付け」を間違ってしまったがために、ひとり疲弊していくリーダーをこれまでに何人も目にしてきました。

何事も最初が肝心です。

確かに「これまでに結果を出してきた私が、プライドを押し殺して、誰かに頼る」と考えるとなかなか厳しいものがありますが、見方を変えてみたらどうでしょうか。

ちょっとしたニュアンスの違いですが、「頼る」と「動かす」では印象が違うと思います。

リーダーは、人を動かしてなんぼです。

弱みの克服のために、上司や部下を積極的に動かしていきましょう。

身近な上司と部下を動かせなかったら組織は動かせませんし、部長・課長の中間管理職だったら上司を使えなかったら結果は出しづらいでしょう。

上司も部下も協力者になってもらったほうが、確実にリーダーとして成長します。

泥臭い営業が苦手だった私の例

ここでひとつ私の弱み克服の体験をお話させてください。

私は30代のときに初めてマーケティングから営業になった人間です。

そのせいか世に言う「泥臭い営業」が苦手でした。

これは営業という立場から考えると、明らかに弱みで、お酒の席は好きなんですが、場を盛り上げたり、お客さんを気分よく乗せたりといったことが恥ずかしくてできませんでした。

とはいえ、弱みを弱みのままにはしておけません。

そこで部下の力を借りることにしました。

盛り上げ上手な部下をお客様の接待に同席させて盛り上げてもらう。

彼は盛り上げるのが本当にうまくて、「なるほど、こうやれば、喜んでくれるのか」といつも感心させられました。

そこで、私は部下の強みを真似することにしました。

気恥ずかしく、苦手意識もあり、できれば得意な部下にずっと任せていたい心情もあったのですが、それでも部下に任せっぱなしにはできない。

自分もどこかでバンジージャンプを決めなきゃいけない。

それでどうしたのかというのが恥ずかしい話なのですが、私は郷ひろみのモノマネがたまたま得意で、ちょうど『ゴールドフィンガー』という曲が流行っていた頃だったので、打ち上げでそれを披露することにしました。

普段、そうした振る舞いをしない私が、突然、郷ひろみの歌マネをするものですから、「金田さんもそういうことやるんですね」とお客様は驚きながらもたいへん喜んでくれました。

不思議なことで、お客様に喜ばれると、心理的な抵抗も驚くほどなくなり、それからは度々披露することになりました。

このようして私の弱みのひとつは克服されていきました。

弱みは、さらけ出し、コピーすることで改善することができます。

弱点を強化する時間をどう「捻出」するか

優れたリーダーほど、たくさんの弱みを克服してきている

先にも少し触れましたが、確実に言えることは、「強いリーダーほどこれまでにたくさんの弱みを克服してきている」ということです。

弱みのない人などおらず、数多くの弱みをコツコツと克服してきたからこそ、いま、強いリーダーに見えているだけなのです。

その中には、現在あなたが抱えているものよりも決定的な弱みを抱えていた人も少なからずいることでしょう。

弱みを分解して目標のハードルを下げる

弱みを克服するときは、けっして一気に解決しようとしないことです。

弱点に正面切って臨んだところで簡単には解決できません。

なかなか解決できないと、次第に身も心も疲れ、最後には折れてしまいます。


そこでどうするか？

自分がコントロールできるレベルまで弱みを分解して、ハードルを下げてあげましょう。

たとえば、「営業職なのにお客さんとの関係づくりが下手」という弱みを持っていたとします。


このままではどのような手順で弱みを解決したらよいのかがわかりません。

そこで、まずは「お客様との関係づくり」を分解してみます。

初対面の挨拶と名刺交換から始まって、お客様との会話、お客様の話の聞き方、会話中の目線の行き先、お客様への気配りなど、いつくかの克服すべき課題が浮かび上がってくるはずです。

こうして見つけた小さな課題を1つひとつ、「すぐにでもできそうな名刺交換について見直してみよう」「お客様との関係づくりがうまい○○さんのやり方をそのままコピーしてみよう」あるいは「聞き上手の△△△さんの話の聞き方を真似てみよう」「相槌を打つタイミングやセリフを覚えて次の商談で使ってみよう」などと、いますぐにできそうなことから行動に移していきます。

もちろん、リーダーが抱える弱みは、もっと解決が難しいものが多いと思います。そうであっても、細かく分解していくことで、きっと解決の糸口が見えてくるはずです。もし、分解してもやり方がわからないときは、上手い人の行動をそのままコピーしてみましょう。

真似を繰り返すことでだんだんとコツがわかってきます。

インプットよりもアウトプットに時間をあてる

弱みを克服するときのもうひとつのポイントは、「学び」よりも「実践」を重視する、つまりインプットよりもアウトプットに時間をかけることです。

まず学び、それを実践していくのが本来の流れですが、それだけの時間的余裕はないでしょう。

であれば、効率を重視して、インプットに割く時間はできるだけ削り、その分を実践にあてていくのです。

また、すぐには解決が難しい、克服するにはあまりにも時間が掛かる。こうした弱みは、割り切って捨ててしまうのもひとつの戦略です。

部下の弱みは「あなたの強み」で補う

リーダーが部下の弱点克服をサポートする

部下の弱みの対処法はリーダー自身のものと基本的には同じです。

強みを持った人が、部下の弱みを補ってあげること。

弱みを克服させるために、リーダーがハンズオンで（実業務に深く関わりながら教えて）指導したり、チャレンジする機会を与えることです。

それぞれ詳しく見ていきましょう。

1. 部下の弱みをあなたの強みで補う

これは「部下を巻き込んで協力者になってもらう」の逆パターンです。

部下の弱みにリーダーの強みをぶつけて補い、部下の強みを発揮できるようにします。

この章では「弱み」にフォーカスしてお話しているため、どうしても弱み中心の話になってしまいますが、SWOT分析で最優先すべきは「長所を強化し、チャンスを最大化すること」です。

弱みの克服よりも、部下の強みが発揮できる環境づくりを第一に考えていくことを忘れないようにしてください。

いつまでも部下のフォローに回っていたら、SWOT分析で2番めに大事な「短所を強化して、最悪の事態を避ける」ことができません。

そこで有効なのが、ハンズオンによる実践、実験です。

上司であるあなたが部下によい見本を見せ、コピーさせてあげるのです。

2．ハンズオンでコピーさせる

単に「オレのやり方を見て真似ろ」といっても難しいので、ここでも小さな目標に細分化して、実践的な計画に落とし込んでやります。

部下がどう「能力」を上げるかがわからなくても、どう「行動」すればよいかがわかる状態にしてあげましょう。

ひとつ前にお話した「弱みを分解してハードルを下げる」を部下に対して行うわけです。たとえば、「顧客への遠慮/固さ」という弱みを持つ部下をハンズオンで克服させてあげた事例があります。

この部下は地頭がとても良いタイプだったのですが、それだけに頭で考える営業に寄りすぎて、お客様に踏み込んだ営業ができていませんでした。

この状態の部下に対して、リーダーが「お客さんに遠慮してたら取れる商談も取れないよ」「なんか固いんだよね。営業なんだからさ」と言っても、部下が傷つくだけ。

そこで、この弱点を分解してあげます。

「顧客への遠慮/固さ」の「顧客」の部分を、「遠慮しなくてもいい気楽なお客様」「遠慮したくなる気難しいお客様」に分解し、まずはリスクの小さい「遠慮しなくてもいいお客様」先にリーダーが同行し遠慮しない例を示します。

リーダーが部下に話を振り、時にいじりながらくだけさせることで、本人がどうしたら遠慮なく、固くなくお客様と接したらよいかわかるようになりました。

繰り返すことで自信にもつながって、「遠慮したくなる気難しいお客様」へ展開し、弱点を克服するに至りました。

また、ハンズオンで忘れてならないのが進捗管理です。

部下の進捗管理は面倒だからあまりやっていないという人が多くいますが、マメに見てあげないと弱点の克服は難しいです。特に実践したあとの振り返りは必ず行ってください。

約束したのにもかかわらずできていないときは厳しく叱り、きちんとできていたときは存分に褒めてあげます。そして再びネクストアクションの合意を取り付け、次の小さな目標に向かわせる。この繰り返しです。

「やってみせ、言って聞かせて、させてみせ、ほめてやらねば、人は動かじ」ですね。

3．機会を与えて成長させる

「失敗することも想定したうえで、あえて部下にチャレンジさせる」ことも大事です。

もちろん最初からうまくいったほうがよいのですが、必ずしもその必要はなく、「もし失敗したとしても想定内。次の機会につながる『前向きな失敗』になってくれればいい」ぐらいの気持ちでいるといいでしょう。

ただし、部下自身で機会を作るのは難しいので、上司であるリーダーが機会を用意してあげたほうがいいでしょう。

「今度××社に行くから、○○さんも一緒に行こう」と出番を作ってあげるのです。

これも直属の上司にしかできことです。

ここまでの話をまとめると次のようになります。

- 弱みを分解して、実践的に計画に落とし込む（目標設定・計画のレビュー）
- ハンズオンによる行動のコピー、実践（どう行動すればよいか示す）
- マメな進捗共有と振り返り
- コーチングによるネクストアクションの合意

リカバリーできない致命的な失敗は問題ですが、そうでないものについては失敗を計算に入れた上でどんどんチャレンジさせることが部下の成長につながります。

失敗を経験し、改善していくことで、部下は成長し、組織力も高まっていきます。

ＳＷＯＴ分析のための時間をどう用意するか

ポイントだけはしっかりと押さえておく

最後にＳＷＯＴ分析にかかる時間と、分析するタイミングについて簡単にお話ししておきましょう。

率直に言って、最初のＳＷＯＴ分析はそれなりに時間がかかるはずです。

これまで「なんとなく」感じていたことを、しっかりと言葉に置き換えるというのは、思った以上に大変な作業で、初めて行う際は、早い人でも３時間から半日近く、人によっては１日かかっても完成しないこともあるでしょう。

もしそうであっても、ここはぐっと堪えて完成まで持ち込んでください。

最初にしっかりと作っておけば、その後の改定作業は比較的ラクになります。

さらに、慣れていくことと合わせて考えれば、ちょっとした空き時間にでも更新していけるようになっていきます。

完璧を目指すことはありません。

ここまで説明したとおり、ＳＷＯＴの内容は変化していくものですから、押さえておくべきポイントさえしっかりと押さえられていれば大丈夫です。

強みと弱みを見つけ、機会や脅威を踏まえてそれぞれに優先付けをしてください。

また、他人に見せるものではないので、見栄えや形式にとらわれることもありません。

毎日1項目ずつ書いていってもいい

「慣れたら早く出来るようになるにしても、慣れるまでそんなに時間をかけるのはキツイ」という人は、毎日、Ｓ・Ｗ・Ｏ・Ｔのいずれかのセクションから1項目にフォーカスして挙げていくのもよいでしょう。

たとえば、こんな具合です。

「今日は機会をやろう。うちの組織における機会にはどのようなものがあるかな」

「今度は脅威にしよう。競争相手をイメージして何が脅威になるか考えてみるか」

「私の即効性のある強みはなんだろうか」
「機会損失の恐れがあったり、脅威が現実になったときに、もっとも恐ろしい弱点はなんだろうか」

これなら1日に1項目、時間にして30分もあればできるはずです。

少なくとも年に1回は更新する

次にSWOT分析を行うタイミングですが、初めてSWOTする人はできるだけ早く始めてください。

できれば本書を読了後、そのまま作業に入っていただくのがベストです。

ただし、SWOT分析は一回やっておしまいではありません。

内部・外部環境に合わせて変化していくのが鉄則です。

期首期末や四半期ごとなど、環境の大きな変化点ごとに内容を更新するようにしましょう。

それが難しいとしても、最低でも年に1回は行うべきです。

私は、年始に大きく内容を見直して、その後は四半期ごとに更新をしていきます。それ以外では、新しい部下が入ってきたり、既存の部下が大きく成長したりといったときにも適宜、内容を確認するようにしています。

SWOT分析で忘れてならないのは「環境は常に変化している」ということです。

一度に全員を分析せず、まず2割を優先してみる

部下のSWOT分析をする際、いきなりすべての部下のSWOT分析をするのは難しいでしょうから、「全売上の8割を2割の人が作り出している」という市場の論理「パレートの法則」にならい、上位2割の部下から優先して行うとよいでしょう。

10人の部下がいたとしたら、2人か3人を優先してSWOT分析するのです。

「クリティカルな弱みを持った部下からSWOT分析を始める」のもひとつの方法ですが、できない人を動かしてもインパクトのある結果が得られません。

ここは強いリーダーの定義「変化に対して結果を出す」に立ち戻って、「長所を強化し、チャンスを最大化すること」を優先しましょう。

できる人をまずさらに強化して動かしたほうが、残り8割の部下によい影響を与えるなど、あとあとの波状効果が期待できます。

第３章のポイント

□「弱み」は見つけやすくたくさん出てくるもの。機会・脅威に直結する、「絶対死守の弱み」を見つけ出し、それ以外の弱みには一旦目をつぶる

□注力すべき「絶対死守の弱み」が特定できたら、他力で早期解決が望めないか検討する

□弱みを一気に解決するのは難しい。弱みを分解してコントロールのできる細かい課題にし、実践を優先する

□部下の弱みは、「リーダーの強みで補う」「リーダーのやり方をハンズオンでコピーさせる」「機会を与えて成長させる」ことで、部下の成長につなげる

□最初のＳＷＯＴ分析は特に時間がかかるが、まずは完成させることが大事。内部・外部環境の変化を考慮して、最低でも年に１回は更新する

□部下のＳＷＯＴ分析は、上位２割から始めることで、良い波及効果が狙える

第 4 章

Opportunities
「機会」を捉え逃さないために

そもそも何が「機会」となるのか

強みにあぐらをかいているといずれ足元をすくわれる

続いて、外部環境の「機会（Opportunitie）」を見ていきます。

何度かお話してきたように「機会」は、刻々と変化します。

たとえば、「英語が得意です」「中国語が話せます」といったところで、グローバル企業では英語ができるのは当たり前ですし、「POCKETALK（ポケトーク）」のような精度の高い通訳機が普及していったら、語学力が活かせる機会はいまよりもぐっと減ることでしょう。

そうなってくると、語学力よりも、国籍を問わずにさまざまな人の意見をまとめる能力の方が価値を持つようになる。

もっと身近な例で言えば、Amazonが出てきたせいで、書店はもちろん、それ以外のさまざまな小売業者がたくさんの顧客を奪われることになりました。

文字どおりにAmazonの台頭によって一瞬にして足元をすくわれてしまうことになったのです。

機会（もちろん脅威もですが）の変化に目を向けず、強みにあぐらをかいていると、ある時期を境に強みが弱みへと転じ、脅威に直面することになります。

しかも、そのスピードはだんだんと速くなっています。

リーダーは外にも向いていないといけない

機会や脅威といった外部環境に敏感でいるためには、言うまでもなく視線を外に向けなければいけません。

世の中の変化、競合の変化に敏感でないと、機会を失い、脅威にさらされるだけではなく、組織自体にも問題が発生します。

視線が内向き、社内向きになると、組織が縦割りになるからです。

縦割りの組織になると何が起こるのか？

端的に言ってしまえば、セクショナリズムが生まれ、ポストの奪い合いになります。

たとえば課長の下に係長が2人いたとします。

すると「おまえとオレのどちらが係長にふさわしいか」といった軋轢が起きます。

組織のトップがいがみあっていると、組織全体がごちゃごちゃしてくるものです。

リーダー、特に上層部の人間が内側ばかり見ていると、こうした問題が起こりやすくなります。

リーダーになる人は、基本的に外部環境に目を向けるのが苦手です。

それも当然で、これまでは目の前のことに注力していればよかったプレイヤーとして実績を上げ評価されてきたからです。

プレイヤーとしての評価が高かったリーダーは特に気をつけてください。

社内視点、内部視点に偏っていないか、自分の行動や思考を振り返ってみるとよいでしょう。

自分の仕事に関係する情報を広く集める

外部環境の変化に敏感になるために何をすればよいか？

ここでは２つお話ししましょう。

ひとつは自分の会社や自分の仕事に関する情報に接する機会を増やすことです。

全国紙や地方紙、ニュース番組はもちろん、仕事に関係する業界紙や専門誌をチェックします。

私は、SAP時代（20代後半：部長になる前）、「日経情報ストラテジー」や「日経コンピュータ」などの専門誌に目を通し、その中から最新の技術トレンドや導入事例を整理し、会議の度に新しい情報を提案していました。

最初は的外れのものが多かったのですが、ひとつでもあたると社内会議でのプレゼンテーションや外部セミナーでの講演の機会を得ることができ、同時にどのような情報が上層部にウケるのかもわかるようになってきました。

ちなみにいまは、まず朝一番の時間を使って海外ニュースをチェックします。誰でもやっていることのように思えますが、日本には流通していない最新トレンドをキャッチアップすることが、自身の差別化や機会創出につながるからです。

また、普段から「自社だったら、何ができるか？　自分だったら、何ができるか？」と考えておくことも機会の発見に役立ちます。

その上で、さらに人的ネットワークを使った飲み会や食事の席で、自分が知り得た情報を披露したり、それについて各分野の専門家から意見を聞いたりして、専門知識を高めていきます。

ニュースや雑誌などで得た情報を人に話すことで、知り得た情報をより深く理解できるといったメリットもありますので、機会があったら試してみてください。

同業他社の動き、特にグローバル展開とテクノロジーを押さえておく

もうひとつは同業他社の動きです。

他社のグローバルな動きとテクノロジー（特にＩＴに関連するもの）の動きは確実に機会に影響してきます。

着眼点は、ニュースのときと同様です。

これらの変化に対して「自社だったら、何ができるか？」「自分だったら、何ができるか？」と考えます。

優秀な人ほどこうした情報に敏感で、よく私のところにＡ４、１枚程度の簡単な企画書を持ってきてくれる部下がいました。

企画書に書かれていたのは、「１．自社を取り巻く最新トレンド」、「２．顧客、競合の動き」、「３．自社流、自組織流にできること」、「４．それによる期待効果」、「５．もしＧＯサインが出たら取りうるアクション計画」の５つです。

こうした地道な積み重ねが、機会を見つける大きな手がかりとなります。

さらにもうひとつ、機会を見つけるために「自社の中期計画資料や各種計画資料に注目する」がありますが、これについては次項でお話ししましょう。

機会を見つけるために「3C」を見る

3つのCに着目する

一般に機会を得るためには、3つの視点を持つことが大事とされています。

3つの視点とは、3C分析と呼ばれる「顧客(Customer)」「自社(Company)」「競合(Competitor)」です。

3C分析は、主に事業計画やマーケティング戦略を策定するときに使用されるフレームワークです。

顧客については、財務諸表(損益計算書で十分です)、経営中期計画、組織図や人事異動をチェックするとよいでしょう。

組織変化は、戦略の変化の表れだからです。

競合については、先ほどお話したとおりです。

それらに加えて、顧客事例を調べたり、競合の提携先の情報を調べたりするとよいでしょう。

最新事例にこそ自社で取り組むべきヒントが隠されていますし、提携や協業の背景には、確実に変化の兆しがあります。

最後の自社（社内）についてですが、まず自社の戦略を理解しておくことが肝心です。

その上で組織変化や人事異動（特にキーマンの動向）に着目します。

組織や人事の変化は、そのまま外部環境変化や自社戦略の変化を表しています。

その他、ベタなことですが、休憩スペースでの部門を越えた情報共有や情報収集も馬鹿にはできません。

自社の上位戦略を理解しておく

3つのCのうち、意外と忘れがちなのが、自社の上位戦略の把握です。

ここを疎かにしてしまうと、結果的に機会を逸することになります。

上位戦略を理解するために、自社の中期計画資料や各種計画資料に目を通しておきましょう。そして、今後、会社が起こしていく変化に対して「自分だったら何ができるか？」を考えます（機会を見つける）。

そのようにして見つけた機会に対し「それを実現するためには、どのようなスキルを活かし（強み）、伸ばしていく（弱み）か」まで落とし込めるとさらに実現に一歩近づきます。

そもそも、自社の上位戦略に関する資料を読んでいる社員は思った以上に少ないため、それだけでその他大勢（言い方は悪いですが）よりも圧倒的に機会に恵まれます。

社内の変化に敏感になるほど（最初は野次馬気分でかまいません）、普段気づかなかった社内での会話の変化に敏感になり（関心がないと気づきもしない）、「あいつ○○について詳しいよな」と上層部に言われるようになったらしめたものです。

そのためには、社内資料に対して、自分の意見が言えるように訓練をしておくとよいでしょう。

自分のスキルアップや昇進にもつながる

このように自社戦略の理解は、リーダー自身のスキルアップや昇進だけではなく、部下たちのスキルアップや昇進にもつながり、それぞれの成長の機会が広がっていきます。

自社の上位戦略を理解し、そのまま自分の組織にあてはめると、それが組織戦略になっていきます。

会社の戦略上にあるということは、実現可能性も高まるでしょうし、予算だってつきやすくなります。

つまり、上位戦略の理解によって与えられるチャンスが格段に増えるわけです。

逆に言えば、そのことに気づかないリーダーは、目指すべき場所が間違っているといえます。

仮にリーダーが上位戦略に反発し、関心を持たなかったら、予算も支援もリソース（人員）も回ってきません。

プレイヤー時代はそれでもよかったかもしれませんが、リーダーでは話が違います。

リーダーが上位戦略に関心がない、反発することは、結果、部下を成長分野に導かない、いずれ停滞する分野に巻き込んでいく（巻き添えにする）ことに他ならず、部下の日々の努力やがんばりを、最悪の場合、無駄に垂れ流すことにもなりかねません。

どれだけ一生懸命やっていても「生産性を向上しなさい」「コストダウンしなさい」「人

件費削減しなさい」など、思ってもみなかった評価がくだされるかもしれないのです。

自分で考えても、上位戦略から吸収してもいい

極端な話をすれば、機会は、上位戦略があればそこから吸収すればいいいし、上位戦略の内容がしっくりこないようならば、その中のひとつでもかまいません。

腹落ちできたものを自分の組織の機会ととらえて行動していくとよいでしょう。

このあと詳しくお話ししますが、機会は増やすことよりも、絞り込むことの方が大切で、強みと機会を照らし合わせながら、「これならうちのチームでできるよね」と生き生きと（仕方なく、嫌々でななく）働けるのが一番です。

そうした意味からも、ひとつは上位戦略に乗っかりながら、同時にリーダーが別の機会を考えるのも大いにありえます。

機会を得るために「何を捨てるか」を考える

機会は増やすことよりも、絞り込むことのほうが大事

機会というものは、増やしていくことよりも、絞り込んでいくことが重要です。

よく言われる「選択と集中」です。

とかくなりたてのリーダーは、いろいろなことに手を出したくなるものですが、あまりにも手を広げすぎるとたいていうまくいきません。

会社でも事業を広げ過ぎて、逆に業績を落としてしまうケースがよくありますが、それと同じです。

そこで「選択と集中」です。

真の機会を得るために、必要のない機会を捨てていく。

言い方を変えれば、機会を絞り込み、強みを集中して最大化する。

強みを最大に発揮するためには、組織が持つ強みを分散するよりも、ひとつに束ねたほうがいいのは当たり前のこと。

そのためには、まずリーダーが自分や部下たちの強みをしっかりと把握しておく必要があります。

強みや上位戦略に関係ない部分を捨てていく

では、具体的に何を捨てて、何を残していけばよいのでしょうか？
基準となるのが次の2点です。

1. 自社の上層部の戦略や期待値に合致するものを残す
（上位戦略に関わりの薄いものは捨てる）
2. 自分や自分たちの組織の強みが発揮できるところを残す
（自分たちの弱みに関わる部分は捨てる）

機会の絞り込みにおいて、これらが重要になるのは、早期に組織を束ねて成果を出していかなければいけないからです。

上層部の意向に沿わないものは承認を得るまでに時間もかかるでしょうし、実現のための資金調達も難しいでしょう。

また、自分たちの弱みが際立ってしまう領域に、何の準備もせずに乗り込んでしまうのは非常に危険です。

冷静に考えてみれば、どちらも当たり前のことだと思うのですが、リーダーになりたての頃はこれらの原則を忘れて思わぬ失敗をしてしまうことがあります。

上記の2点よりも「おいしい」と感じた機会を優先してしまうのです。

次に紹介するハヤカワさんがそうでした。

あらゆる機会に手を出した結果、すべてがうまくいかなくなった

ハヤカワさんは当時33歳。ミスミで最年少の部長でした。

常に前向きで、積極的に物事を進めるタイプ、しかも結果に対して強い執着心を持って

ハヤカワさんのSWOT分析

S 強み Strength

■結果に対する執着心を持つ（コミットメント）
■実行計画を立て、執拗に進捗を管理する
■英語で海外を巻き込む
★前向きかつ積極的に物事を前に進める
★顧客視点／顧客業務の理解（行動力）

■：本人が認識し即発揮できる強み
★：本人が気づいていない「発揮すべき強み」（期待・機会があるも発揮できず）

W 弱み Weakness

▲チーム全体を見渡して自分の動きを考える
▲目標達成のためにチームの力を利用する
★目標に対する実行計画を立てる（戦略の策定）
★社内組織／キーマンの把握・関係作り
★他部署を巻き込む（支援を得る）

▲：すぐには解決できない弱み
★：すぐに改善が期待されている「絶対死守の弱み」

O 機会 Opportunity

★顧客のグローバル化(ニーズの変化)
★市場のデジタル化の流れ(IoT等)
★働き方の変化／ダイバーシティ
▲社内業務のグローバル化
▲ITを活用した生産性向上

▲：すぐには実現できない機会
★：本来集中すべき機会（本人の認識あり）

T 脅威 Threat

▲組織戦略性の低下
▲社内オペレーションのガラパゴス化
★顧客グローバル化・デジタル化との乖離
★部下のモチベーション低下（離反）

▲：いずれ対策すべき脅威
★：早期対策が必要な脅威

いました。

いわゆる「できる人間」なので、「あれもしたい、これもしたい」といろいろなことに首を突っ込んで、最終的には思いが先行して実行に落ちず、部下は混乱。自らもパンクしてしまいました。面白そうだなと思った機会を手当たり次第に喰いまくった結果です。

当時は「インダストリー4・0」「ＩｏＴ」という言葉がもてはやされていて、ハヤカワさんもそれに乗っかろうとしていました。

ところがＩｏＴに関する十分な知識もないし、チーム内に経験者はゼロ。

当然お客様のところに行っても満足な説明ができません。

できないなりにＩｏＴのことを時間をかけて調べて企画書を作るけれども、精度の高いものは提供できず、お客様の心には響きません。

このような空回りを続けているうち、部下はやることが多すぎて優先付けができないし、残業は増える一方。

おまけに自分の能力を過信するあまり、部下のことを「こいつら、全然、使えない」と部下を追い込み、「それならオレがやる」と暴走、そうこうするうちにリーダーとしての統率力を失っていきました。

最後にはメンバーから反発を食らい、空中分解の寸前でした。

目標に対する実行計画を立てたり、他の部署を巻き込む（支援を得る）のが苦手であることも組織運営がうまくいかない理由のひとつでした。


ハヤカワさんの例に見るように、できないこと（強みがない機会）に対して、ただ流行ってるからという理由で参入してしまうと、結果も出せないし、無駄な時間もかかるし、組織はだんだんと疲弊していきます。

もちろんこれはハヤカワさんに限った話ではありません、機会を絞り込まずに、とにかく手広くやろうとすると、誰もが同じような状況に陥ります。


そうならないためには、まず絞っていくことです。

不要なもの、自分たちの強みが活かせないもの、自社の上位戦略に合致しないものなどをバッサリと捨てていく。これが非常に大事です。

せっかくの機会（チャンス）を捨て去るのはなかなか難しいことですが、だからこそリーダーのセンスや判断が求められます。

「戦略」を描き成長分野に部下を導く

リーダーが率先して外部環境の変化をメンバーに発信・共有する

リーダーは、外部環境に目を向けると同時に、その変化をいち早くメンバーに発信し、機会や脅威を共有していくことが重要です。

もともと情報の共有ができていた人が、リーダーになった途端、管理者のイメージを最前面に持ち出し、極端な内部視点に陥ってしまうことがあります。

先ほど紹介したハヤカワさんがその一人でした。

ハヤカワさんの場合は、「リーダー＝組織の管理や業務プロセスの管理」という思いが先走り、外部視点から物事を考えられなくなっていました。

もともとハヤカワさんは「リーダー＝管理」という考えの持ち主だったようで、自社の昇格試験の面接で「リーダーとプレイヤーと何が違うかわかりますか？」と問われたときに、「明確です。リーダーになることによって権限が与えられるので、指揮系統が明確になります」と返答して一度不合格になっています。

組織というものは「リーダーが管理統制すべき」とか「リーダーがグイグイ引っ張っていくべきもの」という思いが強かったのでしょう。

その結果、ハヤカワさんがもともと持っていた「コミットメント力」や「前向きかつ積極的に物事を前に進める」といった強みがうまく発揮されずに挫折します。

力を入れるべき領域に活動を集中させる

さて、そのハヤカワさん、どのようにして立ち直っていったのでしょうか。

その答えは「選択と集中」です。

集中すべき領域（機会）を特定し、自分だけではなく、部下を巻き込んだ、組織としての行動計画を立てる。計画策定には、ハヤカワさんの上司である私が支援しました。

変化に対して結果を出すためには、「力を入れるべき領域（機会×強み）」にリーダーやその組織の活動を集中させることです。

これがすべてといってもよいでしょう。

そして組織を巻き込んで行動していくには、リーダー自身が戦略を描き、機会（成長分野）に部下を導くことが必要です。

ハヤカワさんの場合は、あらゆる事業計画に関わりたがり、妄想に近い再提案をしては実行に落ちないといった状態から、ある1社のお客様に集中するようにしたことで、ハヤカワさんをはじめとしたチームの「強み」が存分に発揮でき、大成功を収めることができました。

全社に発表されるほどの成果で、モデルケースとして他の顧客にも展開されましたし、関わった部下の自信にもつながったといいことずくめでした。

繰り返しになりますが、リーダーは常に外部視点から物事を考え、外部環境の変化を自分や自分の組織の強みと結びつけて考えることが大事です。

成長分野に「一歩」でも早く踏み出すには

組織の手に負えるサイズまで分解する

私がミスミ時代に三枝匡さんから学んだことのひとつです。

「リーダーに重要なのは、組織の手に負えるサイズまで分解することである」

自分たちの強みが活かせる機会が見つかったら、現在の状況からあるべき姿までのイメージをし、その行程にある課題を分解し、自分たちが扱えるレベルまで細かく分解していく。

そして同時に、手に負えない要素についてはバッサリと切り捨てる。

最初からすべてのことをやろうとすると、実現にはたくさんの時間やお金が必要ですし、やるべきことがありすぎて自分も組織もパンクしてしまうでしょう。

機会は、広げることよりも、捨てることの方が大事です。

機会を得るにあたっても、まず考えるべきことは、何を捨てるかです。

三枝匡さんは、こうもおっしゃっていました。

「ダメなリーダーほど、いろいろなことを中途半端につまみ食いしてしまうものだ。その結果、自分たちの強みや組織力を発揮できずに終わってしまう」

「あれもやりたい、これもやりたい、全部行きたい」と思う気持ちはわかるのですが、ここは原点に立ち返ることです。

いきなり全部やろうと思っても無理です。

そのことはSWOT分析をすませたリーダーならすでに理解できているはずです。

1ヶ月以内に何もできない機会は機会ではない

機会の実現を分解してみて、1ヶ月以内に何ができるかを考えてみましょう。もし、1ヶ月では難しいと判断したなら、その機会はきっぱりと見送ることです。

成長分野に競合他社よりも一歩でも二歩でも早く足を踏み出すには、そのぐらいの割り切りが必要です。

仮に、想定される機会の到来が1年後だとしても、いまの内から、そこに強みをぶつけて優位性を確保しなければ、望む結果は得がたいでしょう。

繰り返しになりますが、1ヶ月以内に何もできない機会は、真の機会ではありません。

リーダーが自分たちの強みをきちんと把握していて、その分析に間違いがなければ、「強み×機会」ですぐに何らかの成果が出せます。

すぐに行動して、すぐに結果が出るからこそ強みなわけですから、強みをぶつけても変化の起きない機会は、本当の機会ではありません。

そこはスパッと割り切って次に向けて動き出すことがリーダーとしての正しい選択です。

「小さな賭け」を繰り返し試みる

「小さな賭け」なら変化がわかりやすいし結果もすぐに出る

海外では「30・60・90」と短いスパンで計画・行動することがスタンダードになっています。

「30・60・90」とは、いうまでもなく「30日、60日、90日」の意味です。

以前、私が勤務していたSAPジャパンでは、面接で「当社に入社してからのあなたの『30・60・90 Daysプランをお聞かせください』」と質問するほどに定着していました。

機会の絞り込みができたら、「30・60・90 Daysプラン」で〝小さな賭け〟を実行し、早期の成功（アーリーウィン）を狙っていきます。

アーリーウィンを実現するには、機会を小さく分解して、ハードルを下げ、実現可能性を高めることです。

お客様や社員から「あれもやりたい。これもやりたい」といくつものニーズが出てきたとしても、まず小さな目標を設定して、アーリーウィンを目指します。

目標は大きくなれば変化がつかみにくくなります。

はじめはできるだけ数字がよい方向に変化していくよう、またその変化が見えるような計画を策定することです。

そのために小さな目標を設定すると言っても過言ではありません。

小さな目標なら変化がわかりやすく、結果が数字に現れやすいからです。

たとえば「○○さんの工場をＩＴ化していきましょう」といったとき、いきなりすべての工場をＩＴ化するのではなく、「まずは○○工場の△△工程に絞ってやってみましょう」とする。

こうしておけば、絞った△△工程だけを見ていけばよいので、結果がわかりやすいですし、うまくいかなかったときは早い段階で軌道修正できます。

ひとつやってうまくいったら、ＩＴ化する工程を増やしていく。

さらには新たな工場に着手する。

規模が大きくなるにしたがい、IT化にかける期間を「30・60・90」と延ばしていきます。

早く結果を出すことで評価されるしモチベーションも上がる

アーリーウィンを得ることのメリットは他にもあります。

まず、メンバーたちに早期に成功体験を味わってもらうことができます。

これが非常に大きい。

結果が出るから、自信ややる気が高まります。

リーダーは、そうした部下のやる気をうまくリードして組織を束ねやすくなる。引っ張っていけるようになる。しかも、成長のスピードを加速させやすい。

周囲からも「これはうまくいきそう」と期待が得られるので、新たな機会をつかむ可能性も高まることでしょう。

だからこそ、最初の小さな成功、アーリーウィンが大事なのです。

年単位まで広げてしまうと時間がかかり過ぎます。

「30日、60日、90日」と最長でも3ヶ月ぐらいのスパンで、いろいろな実験を繰り返し、トライ&エラーを経験して、うまくいくかどうかのあたりをつけていく。

これからはこうした短期スパンの戦略を取られることが増えていくことでしょう。

計画を長い時間軸で動かしていくうちにも、外部環境（市場・競合）がどんどん変化していくことは先に述べたとおりです。1年間の計画をじっくり考えて、じっくり進めるというスピード感が通用する時代ではないのです。

それを前提に考えると、短いサイクルで小回りを聞かせ、すぐに起動修正できるプラン、つまり、「小さい賭け」を進めたほうがはるかに効果的でしょう。

「KPI」でチェックポイントを作っておく

計画、実行ときて、次は進捗管理です。

アーリーウィンを得る過程では、この進捗管理がとても大事です。

目標を絞り込んでいるから、リーダーはすべてを把握できていると思いがちですが、現実的にそんなことは不可能です。

計画が垂れ流しにならないように、「ＫＰＩ（Key Performance Indicator）」を作成して、定期的に進捗確認するのを忘れないようにしましょう。

ご存知のようにＫＰＩの設計では、明確な目標（チェックポイント）と時間軸を設定して、進捗を確認していくわけですが、とりわけ時間の管理ができていないリーダーが多く見られます。

Excelなどの表計算ソフトで管理フォーマットを作成するなどして、定期的にチェックしていきましょう。

さらにもうひとつ注意してほしいことがあります。

アーリーウィンを狙ったプランでは、進捗は部下からの「報告・連絡・相談」を待つのではなく、リーダーから率先して情報を集めるようにしてください。

そのために欠かせないのが、定期的な報告会です。

第4章のポイント

□「機会」は刻々と変化し、変化の速度も速くなっている。「機会」に敏感でないと、一瞬で足元をすくわれかねない

□リーダーは外部環境にアンテナを張っていなければいけない。「自社・自分・自分のチームだったら何ができるか」と考えたり、海外のトレンドを早期に押さえたり、同業他社の動きを見たり、テクノロジーの刷新に注目したりすることが「機会」を見つける手がかりになる

□自社の上位戦略を理解すれば機会は自ずと見えてくる。自社の上位戦略とマッチする戦略をチームに提供することで、実現可能性は高まり、評価されるチャンスも増える

□「機会」は絞り込むことが大事。あれこれ手を広げずに、「強み」「上位戦略」に関係ない部分はバッサリ捨てる

□外部環境の変化を自分や自分の組織の強みと結びつけて考えて、「力を入れるべき領域」を特定し、そこに集中する

□機会を小さく分解することで結果を見えやすく、すぐに得られるようにできる。早期に成功体験を得ることで組織を束ねやすくなり、部下の成長速度も上がり、周囲からも評価され、新たな機会も得やすくなる

第 5 章

Threats

「脅威」に常に備える

何を脅威と捉えるか

競合の動きに敏感になる

最後は「脅威（Threats）」です。

脅威は、機会と同じ方法で見つけ出すことができます。

言ってみれば、機会と脅威は表裏一体。

自分たちにとってプラスになる情報が機会で、マイナスになる情報は脅威となります。

脅威を見つける際に押さえておきたいのは、仕事に関係する国内外のニュース、競合の動き、そして社内の動向です。

脅威においては、特に競争相手の動きに注目してください。

その際、社外のライバルだけではなく、社内のライバルにも目を配るようにします。

そうでないと、思わぬところから足を掬われてしまうことがあります。

見える脅威よりも
見えない脅威のほうが厄介

想像した出てきた恐怖や懸念材料が
「潜在的な脅威」

潜在的な脅威を把握するための方法

脅威には、すでに明らかになっているものと、これから脅威になる危険を秘めたものがあります。

後者のような「潜在的な脅威」が厄介なのは言うまでもありません。

認識しないまま漫然と過ごしていると、気がついた時には手遅れになってしまうこともあるからです。

何としてでも見つけておきたい潜在的な脅威は、次の方法で見つけることができます。

「世の中の変化――テクノロジーや社会構造（働き方、グローバル化など）の変化――に対して、自分がその波に乗れなかった、あるいは乗らなかったとしたらどうなるか？」「今の成り行きのままで日々を過ごしていったら、この先、自分たちはどうなるか？」と想像してみるのです。

その結果、浮かび上がってきた恐怖や懸念材料をＳＷＯＴに書き出してください。

それらがすなわち「潜在的な脅威」です。

リーダーは心配性ぐらいでちょうどいい

リーダーは楽観的過ぎるよりも、少し心配性なぐらいのほうがよいと思います。

心配性という言葉がしっくりこないかもしれませんが、要は「リスクに敏感」であるほうがいいということです。

リスクに敏感でいるためには、本来あるべき姿（理想）をイメージすると同時に、このまま事業を進めていったらどうなるかを常に頭に思い描いておくことです。

あるべき姿がしっかりとイメージできていれば、いまのまま、成り行きのままでよいのかがわかるはずです。

もしいまのままでは「この先、危ない」と判断したなら、早めに手を打つこともできます。

ただ「やばい」では人は動かない

脅威として上がった情報は、できるだけデータや事実で裏付けを取るようにしてください。

ただただ「やばい」「まずい」では、人や組織は動いてくれません。

卑近な例で言えば、既存の主力商品があったとして、「ちょっとずつ売り上げが下がってます。何とかしないとやばい」ではなく、「毎月○%ずつ下がってて、このままだといつ頃には○%ぐらい下がってる予想です」とか、「さらに競合から似たような商品がこのタイミングで出そうだから、この数字はいまよりももっと悪くなりそうです」といったように、客観的事実（数字）に基づいた報告をすることです。

同業他社をベンチマークして、価格・性能・納期・満足度などを数値化し、比較していけば脅威の度合いが鮮明になります。

「脅威」を見える化する

ちょっとずつ売上が下がっていて
何とかしないとやばいです！

→ 何をしていいのか、
どのような状況なのか
具体的にわからない

・毎月○％売上が下がっている
・競合から類似の商品がリリースされるので
より悪化しそう

→ 事実として
脅威が認識できる

数字やデータを合わせて
述べれば「脅威」がわかり
人が動いてくれる！

チーム内で、「とはいえ」が出たら要注意

部下の反発、モチベーションの低下、チームワークの欠如――組織の内部にも脅威は存在します。

外部環境だけではなく、内部の動向にも目を配るようにしましょう。

特に私が注意しているのは、部下たちが無意識のうちに使う言葉。

「とはいえ、やるしかないですよね」や「とはいえ、何とかします」など、言葉の節々に否定語が使われているときには気をつけましょう。

リーダーの指示や言動に納得がいっていないため、本人も気づかないうちに「ノー」のサインを出している可能性が高いからです。

組織内での意見交換や情報の共有が必要です。

脅威に対して、攻めるか、守るか、撤退するか

問題が起きたときには、リーダーが自ら現場に降りていく

ＳＷＯＴ分析後にリーダーが率先してやらなければならないことがいくつかあります。

ひとつが、先ほどお話したように脅威に結びつく「リーダーの弱み」を一刻も早く克服すること。

リーダーの弱みが組織の弱みとならないように手を打つことです。

もうひとつは、脅威が現実になったときには、リーダーが真っ先に動くこと。いち早く現場に降りて、問題解決に向けて行動することです。

解決しやすいように、問題を細分化、単純化していく

現場に降りて真っ先にやるべきことは、問題の単純化です。

脅威の根源を自分の組織の手に負えるサイズまで分解していくのです。

難しいことを部下にそのまま伝えても、部下は何をしてよいのか判断ができません。

そこで「こういうことだから、こうすればいいんだよ」というレベルまで問題を単純化し、行動しやすいようにハードルを下げてあげるのです。

もちろん脅威の中には、解決の難しいものがあります。

そうした脅威については、思い切って捨てる勇気も必要です。


見つかった脅威への対応は、克服するか、切り捨てるかのどちらかになります。

まずやるべきことは、前述した通り、脅威の根源（問題の根幹）を単純化し、自分たちの手に追えるサイズに分解することです。

「部下のモチベーションの低下」が脅威として上がっていたとして、それをいつまで悩んでも解決はできません。

そこで問題を細分化して、根幹にあるものを浮き彫りにしていきます。

例えば、

「全体の何割がそうなのか？（全員ではない）」
「それが3人だとしたら何が原因か？」
「その3人に共通する原因は何か？」

といった具合に問題の本質を明らかにしていきます。

その結果、仮に「キャリアパスがない（3人以外はキャリアパスがそこそこ明確でモチベーションが低いわけではない）」とわかったとすれば、対象をその3人に絞り、それぞれのキャリアパスを考えてあげることで問題は解決へと向かうでしょう。

問題を単純化する

もうひとつ問題解決の例を挙げましょう。

「顧客のグローバル化」が急がれているとします。

とはいえ、「お客様のグローバル化に対応せよ」と言われても、部下は何をすればよいのかわかりません。

そこで次のように問題を単純化していきます。

1．顧客を「既存顧客、新規顧客」の2つに分解する
2．既存顧客であれば、そこに絞って社内体制や自部門の何が問題かを特定する
3．自部門（バックオフィス）の既存顧客担当営業に対する契約サポート体制に課題あり
4．既存顧客○社に絞って臨時の契約サポート体制を構築する

このように問題を絞り込んでいくことで、自分たちがいま何をすればよいのか、自分たちの手に負えるサイズで指示が出せ、それぞれの部下が自発的に行動できるようになります。

脅威を切り捨てる

お気づきの方もいらっしゃるかもしれませんが、先の例では「脅威の切り捨て」を同時に行いました。

問題を単純化する

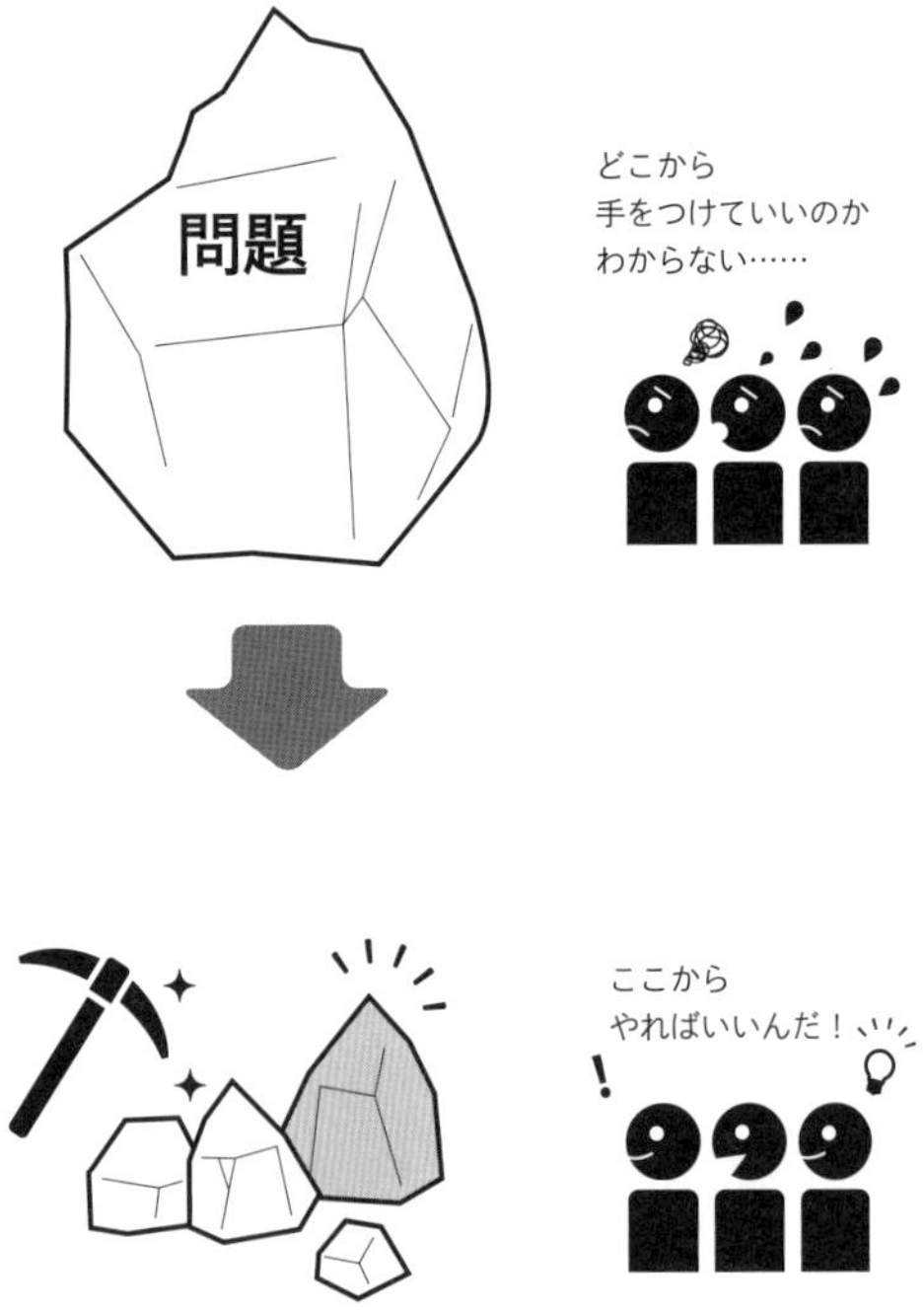
問題
どこから
手をつけていいのか
わからない……
ここから
やればいいんだ！

問題を絞り込むことで
何をすればいいのかわかる！

切り捨てたのは「新規顧客への対応」です。

新規顧客の対応については「各営業部長に委ね、営業向けに一括で教育するワークショップを開催し、個別対応をしない」といった判断をしています。

メンバーの危機感を醸成する

メンバーたちが脅威に対して無関心、当事者意識に欠けている。

そのようなときには、意図的にメンバーを修羅場に追い込み、危機感や当事者意識を醸成してやります。

例えば、「顧客のグローバル化」に対してメンバーは「そんなの知ったことではない」など、危機感はなく無関心であった場合、「既存顧客10社に絞った契約サポート体制」を構築し、担当メンバーを営業とともにお客様のもとへ同行させます。

すると、その場でお客さまからの厳しい声を聞くことになり、現状に対する強い危機感を抱くようになる。

あるいは、「既存顧客に対して新規サービスを提案している営業が全体の20％（その間、競合が新サービスを提案して徐々にシェアを獲得）」「社内の契約承認プロセスの50％以上が5日以上かかっている（競合は60％が1日以内）」「営業担当の変更が悪影響を及ぼして60％の顧客からの追加契約がない（競合は営業担当を変えずに顧客と関係を継続）」と聞いたらどう思うでしょうか？

こうした事実を部下たちに伝えることで危機感を募らせることができます。

これまでその状況を放置して、のほほんと過ごしていたのが、一気に修羅場を経験することになる。

もちろん一足飛びには解決することはできません。

するとどうなるか？

多くの者が「このままでは本当にマズイ」と感じ、改善に向けて本気になる。

危機感を煽ることでだんだんとエンジンがかかってくる。

このようにして危機意識の高い組織や組織体制を構築していくことができます。

逆に言うと、リーダーが一人で脅威を抱えていてしまったらいけないということです。

部下たちの間に当事者意識は生まれず、リーダーだけが困った状態になります。

リーダーの弱点が組織の弱点となることを知っておく

弱点を克服するために部下を動かす

もっとも怖いのが「弱み」と「脅威」が結びついたときです。
そうしたケースが現実化してしまうと、組織全体に致命的なダメージを与えることになります。

特にリーダーは、「自分自身の弱点が、組織の弱みになる」と認識しておくことです。
自分の弱みが脅威と結びついていたら、組織を動かしていくことはできません。
まっさきに弱みを改善することです。

自分一人の力では解決が難しいものは、弱みのところでお話ししたように、上司の力を借りたり、部下の強みでフォローしていきましょう。

とにかく早期の実行が求められます。

内部にも脅威は存在する

当時課長を務めていたイマニシさんの弱みは、組織をうまく束ねることができないことでした。

プレイヤーとしての能力は非常に高かったものの、気が短くて、周りが動かないと知るやいなや自分で勝手にやってしまうタイプでした。

加えて、計画をベースに部下を巻き込みながら行動していくことも苦手。

これらの弱みが起因となって、部下のモチベーションはみるみる低下、数人の部下が離反していきました。

このような状態は組織にとって大きな脅威となります。

しかも、イマニシさんが直面している脅威はそれだけではありませんでした。

顧客のグローバル化やニーズの多様化にうまく対応できていないことも大きな問題と

イマニシさんのSWOT分析

S 強み Strength

■業務プロセスの経験・知識
■英語で海外を巻き込む
■課題を分析し、根本を特定する
■新しいことに積極的に取り組む（行動力）
★周囲の意見を聞く状況判断力

■：本人が認識し即発揮できる強み
★：本人が気づいていない「発揮すべき強み」（期待・機会があるも発揮できず）

W 弱み Weakness

▲部下を管理・育成する
▲俯瞰して物事を見る
★短気（周囲がやらなければ自分勝手にやってしまう）
★計画をベースに、周囲を巻き込みながら行動する（実行中心）

▲：すぐには解決できない弱み
★：すぐに改善が期待されている「絶対死守の弱み」

O 機会 Opportunity

▲社内オペレーション効率化による競争優位確立
▲グローバルオペレーションの変化スピード
★顧客のグローバル化（契約の大型化）
★顧客ニーズの多様化（契約の複雑化）
★グローバル組織との連携（グローバル化）

▲：すぐには実現できない機会
★：本来集中すべき機会（本人の認識あり）

T 脅威 Threat

▲社内オペレーションの複雑化
▲属人的な組織オペレーションによる組織力低下
★グローバルオペレーションとの乖離
★顧客グローバル化、ニーズ多様化への対応

▲：いずれ対策すべき脅威
★：早期対策が必要な脅威

なっていました。

このままでは強みを活かすどころか、機会そのものを失ってしまうことになります。

外部の脅威にばかり気を取られ、内部の脅威を疎かにした結果

これらの状況は、イマニシさんが脅威に敏感でなかったがために起こったことかというとそんなことはなく、まったくの逆です。

彼女は外部環境（機会と脅威）の変化にとても敏感で、特に同業他社の動きに強い危機感を持っていました。

ところがその強い危機感をチーム内に落とし込むことができませんでした。

何でも自分でやってしまうプレイヤー体質が裏目に出たのです。

機会を掴むため、脅威から脱するため、ただただ一人で突っ走ってました。

するとどうなるか？

みなさんの想像のどおり、部下のモチベーションは下がり、次第に社内オペレーション

が回らなくなっていきました。

しかも、そのしわ寄せがリーダーであるイマニシさんにのしかかり、オーバーフローし始めるという、まさに脅威が現実のものとなってしまったのです。

彼女の現場主義自体は否定するわけではありませんし、現場での実務遂行能力はすばらしいものでしたが、現状とあるべき姿を整理し、「このまま（成り行き）だとどうなってしまうのか？」と先を見通す力が足りなかった。

内部視点としての組織の衰退リスクを想像する。

この点が決定的に欠けていたのです。

結局のところ、イマニシさんは外部（競合）との間で発生するリスクには敏感でしたが、そこから発生する内部の脅威に対する感度が極めて低かったのです。

危機感を醸成し、当事者意識を持たせ、組織全体で脅威に臨む

こうした内部の脅威を打破するには、リーダーシップを取り戻す以外にはありません。

そこでまず行ったのが、外部の脅威の共有です。

部下たちに脅威を具体的に見せることで、意図的に修羅場に追い込み、危機感をつのらせ、当事者意識を芽生えさせることにしました。

また、数字やデータを使って脅威の裏付けも行いました。

ただ、「やばい」と言っただけでは、誰も納得・行動してくれないからです。

脅威の共有ができたら、次は外部の脅威を打破するための打ち手（選択肢）の計画と準備です。

脅威を分解することによって、いくつもの打ち手を準備し、リーダーが真っ先に取り組んでいきます。

こうして部下を巻き込み、リーダーシップを取り戻していきます。

組織にとっての脅威を払拭するためには、組織を動かすことが一番です。

リーダーだけの能力で解決することは非常に負荷が高いですし、やはり非効率に過ぎます。

組織を使って、トライ&エラーで小さな失敗と小さな成功を積み重ねていく。その過程でリーダーは、組織を束ねる指揮官へと成長していくのです。

ただし、いったんリーダーシップを失ってしまうと、それを自力で取り戻すのは難しいかもしれません。

そのような場合は、上司に協力を仰ぎましょう。「弱みを克服するために上司を動かす」です。

リーダは修羅場をできるだけ多く経験しておいたほうがいい

リーダーは、できるだけたくさんの修羅場を経験しておくとよいでしょう。

修羅場と向き合うことで、リスクの限界スレスレまで自分の頭で考えることができますし、それによって問題の因果関係を押さえる能力を飛躍的に高めることができます。

修羅場を乗り越えた経験は、これから先、さらに上へと上り詰めていくときに必ず役に立ちます。

私自身もこれまでにいくつもの修羅場をくぐり抜けてきました。

30歳のときに、突然、新規事業の部長を任され、「明日から何をすればよいのだろう」「明日、部下たちにどんな指示をすればよいのだろう」と途方にくれたあの日。

これまでの人生で最大の修羅場に向き合うことになりました。

あれから10年余り、あのときの修羅場に負けず劣らずといってよい、いくつもの脅威と直面してきました。

そして、それらを何とか乗り越えて現在の私があります。

いま振り返って思います。

人は、危機に直面したときほど成長する。

みなさんの健闘を心から願っております。

第5章のポイント

□「脅威」は「機会」と表裏一体。「国内外のニュース」「競合の動き」「社内の動向」に注目する。見えている脅威よりも、「潜在的な脅威」のほうが厄介な点にも留意

□脅威はデータや事実としての数字などを示すことで鮮明になり、そうしてはじめて人や組織を動かすことができる

□部下の反発・モチベーションの低下など、組織内部の脅威にも注意する。特に言葉の端々に否定語が混ざるときには要注意

□脅威が現実になってしまった際には、リーダー自らが先陣を切って問題解決に動くこと。脅威の根源を切り分けて単純化し、組織の手に負えるサイズに分解することを最初に行う

□「弱み」と「脅威」が結びついて現実化してしまうと多大なダメージを受けることになる。リーダー自身の弱みが組織の弱みになることを認識し、「絶対死守の弱み」は一刻も早く改善するようにしておく

著者略歴

金田 博之（かねだ・ひろゆき）

大学卒業後、グローバルに展開する外資系大手ソフトウェア企業SAPに入社。以来、入社1年目で社長賞受賞(その後、3年連続受賞)、29歳で副社長補佐、30歳で部長に着任、35歳で本部長に昇格。SAP全社10万名のなかのハイパフォーマンス(上位2%)を挙げた人物に7年連続で選抜される。

2007年、INSEAD大学でエグゼクティブMBAを卒業。

日本の大手製造・流通企業ミスミでGMとしてグローバル新規事業を推進した後、現在はNASDAQに上場している外資系IT企業「ライブパーソン(LivePerson)」の日本法人代表。

プライベートでは勉強会を定期的に開催し、参加者は累計1000名を超える。

現役のビジネスパーソンでありながら、これまで9冊の書籍を出版。プレジデント、ダイヤモンド、東洋経済、日経ビジネスアソシエなど各種メディア掲載実績多数。

オフィシャルメルマガは2017年・2018年それぞれまぐまぐ大賞を受賞。

2019年からは金田博之ニコニコチャンネルを放送開始。

メルマガ：金田博之の「出世したサラリーマンが絶対にやらなかったこと」

http://www.mag2.com/m/0001679909.html
ニコニコチャンネル1:「時代に乗り遅れない！ どんな会社でも結果が出せる法則」

https://ch.nicovideo.jp/kaneda-hiroyuki
ニコニコチャンネル2:「最新の経営理論」を習得する低価格・実践型MBA学習サロン
https://ch.nicovideo.jp/kaneda-mba

装丁・本文デザイン協力　コミュニケーションアーツ株式会社
編集協力　津村 匠

リーダーのためのSWOT分析

2019年 7月14日　第1刷発行

著　者　金田　博之
発行者　八谷　智範
発行所　株式会社すばる舎リンケージ
〒170-0013　東京都豊島区東池袋3-9-7　東池袋織本ビル1階
TEL 03-6907-7827　FAX 03-6907-7877
http://www.subarusya-linkage.jp/
発売元　株式会社すばる舎
〒170-0013　東京都豊島区東池袋3-9-7　東池袋織本ビル
TEL 03-3981-8651（代表）
03-3981-0767（営業部直通）
振替 00140-7-116563
http://www.subarusya.jp/
印　刷　ベクトル印刷株式会社

落丁・乱丁本はお取り替えいたします。

ISBN978-4-7991-0814-7